Stéphane Garnier

Die Weisheit des Kleinen Prinzen

Stéphane Garnier

Die Weisheit des Kleinen Prinzen

Lektionen für ein glückliches Leben

riva

Bibliografische Information der Deutschen Nationalbibliothek
Die Deutsche Nationalbibliothek verzeichnet diese Publikation in der Deutschen Nationalbibliografie. Detaillierte bibliografische Daten sind im Internet über http://dnb.d-nb.de abrufbar.

Für Fragen und Anregungen
info@rivaverlag.de

Wichtiger Hinweis
Ausschließlich zum Zweck der besseren Lesbarkeit wurde auf eine genderspezifische Schreibweise sowie eine Mehrfachbezeichnung verzichtet. Alle personenbezogenen Bezeichnungen sind somit geschlechtsneutral zu verstehen.

1. Auflage 2022

Türkenstraße 89
80799 München
Tel.: 089 651285-0
Fax: 089 652096

Übersetzung: Elisabeth Liebl
Redaktion: Ingola Lammers
Umschlaggestaltung: Catharina Aydemir
Satz: Andreas Linnemann
Druck: GGP Media GmbH, Pößneck
Printed in Germany

ISBN Print 978-3-7423-1861-9
ISBN E-Book (PDF) 978-3-7453-1578-3
ISBN E-Book (EPUB, Mobi) 978-3-7453-1579-0

INHALT

FÜR GALOU UND SANOU, MEINE LIEBEN
KLEINEN PRINZEN.

WIDMUNG

Ein Buch zu schenken ist ein Akt der Liebe …

Dieses Buch gehört ganz Ihnen,

denn Sie können damit eine Botschaft übermitteln,

es einem lieben Menschen schenken.

Denn eine persönliche Botschaft ist viel wertvoller

als jede Widmung des Autors.

Ich widme dieses Buch

Weil

VORWORT

Die meisten Studien über *Der Kleine Prinz* haben zum Ziel, die darin enthaltene Symbolik zu deuten oder herauszufinden, was Antoine de Saint-Exupéry uns mit seinem Buch sagen wollte. Und tatsächlich bringt der Versuch, zwischen den Zeilen zu lesen, etwas. Denn damit erhält das Buch eine neue Dimension.

Ich aber möchte ich mich direkt an den kleinen Prinzen halten. Mich mit seinen Worten und Werten, seinem Suchen, seinen Träumen, Plänen und Zweifeln auseinandersetzen.

Schließlich geht es nicht darum, welche Interpretationsmöglichkeiten ein Text bietet, sondern wie wir ihn in unsere Welt übersetzen.

Und der kleine Prinz verkörpert eine andere, eine vollkommen neue Sicht auf das Leben.

Mir geht es nicht um die Absichten des Autors. Ich möchte vielmehr seine Schöpfung, den kleinen Prinzen selbst, verstehen. Was sind die Beweggründe dieses kleinen Mannes? Was treibt ihn, den Zauberer, an? Was hat er an sich, das uns alle, unabhängig von Alter, Kultur oder Sprache, zu irgendeinem Zeitpunkt bewegt, berührt, verführt, fasziniert und zum Träumen gebracht hat?

Ich habe das Buch vor langer Zeit zum letzten Mal gelesen. Als ich es nun wieder zur Hand nahm, habe ich die Denkweise des kleinen Prinzen immer weiter übernommen. Ich musste sie nur noch auf mein Leben anwenden. Und wie das geht, möchte ich Ihnen hier zeigen.

Denn tragen wir nicht alle etwas von diesem kleinen Prinzen in uns? Und vergessen wir das nicht allzu oft?

Bevor Sie zu lesen anfangen

Wie haben Sie sich als Kind Ihre Zukunft ausgemalt? Schreiben Sie hier alle Träume, Sehnsüchte und Wünsche von damals auf.

Seien Sie ehrlich. Verschweigen Sie nichts von dem, was Sie sich zu jener Zeit ganz fest vorgenommen hatten. Vergegenwärtigen Sie sich jeden Herzenswunsch.

Auch wenn Ihnen das alles heute völlig unrealistisch vorkommt!

Auf einer Wolke

»Alle Erwachsenen waren früher Kinder,
nur haben die meisten das mittlerweile vergessen.«

Ich weiß nicht mehr, wann ich den *Kleinen Prinzen* zum ersten Mal gelesen habe.

Wie alle Menschen war ich mir sicher, dass ich das Buch gelesen hatte. Aber was davon ist mir im Sinn geblieben? Wann habe ich zum ersten Mal verstanden, was der kleine Prinz mir sagen wollte? Und woran kann ich mich auch heute noch erinnern?

Das erste Mal. Das allererste Mal, wann war das?

Ganz sicher lange bevor ich erwachsen war. Bevor ich gelernt hatte, mich von der Vernunft leiten zu lassen. Bevor ich mit beiden Füßen auf dem Boden der Erwachsenenwelt stand, die man mir damals als das wahre Leben verkaufte.

Das allererste Mal ... bevor ich ihn völlig vergaß.

»Es war einmal ein kleiner Prinz ...« Antoine de Saint-Exupéry wollte sein Buch nicht so beginnen lassen. Doch dem Titel heute ein »Es war einmal« voranzustellen heißt, ihm etwas von seinem Zauber zurückzugeben, von dem Traum, den wir als Kinder hegten. Es führt uns zurück in die Kindheit, als wir noch an Magie glaubten.

Der kleine Prinz ist viel mehr als ein Buch. Und das hängt nicht nur damit zusammen, dass er weltweit zum Riesenerfolg wurde, übersetzt in 300 Sprachen und Dialekte. Er lebt in uns weiter, als unzerstörbarer Teil unserer Kindheit. Vielleicht haben wir im Laufe der Zeit beschlossen, diesen Teil von uns in die hinterste Ecke unseres Daseins zu verbannen, um mit großen Schritten den Weg zum Erwachsensein einzuschlagen, sobald sich die Gelegenheit ergab.

Den Weg der Großen. Vor allem aber den Weg, von dem abzuweichen immer schwieriger wird, je weiter man auf ihm vorankommt.

Wenn wir als Kinder unsere ersten Schritte tun, ist der Pfad noch gesäumt von Bäumen, Blumen und Feldern. Vögel schwirren über uns hinweg. Wenn wir älter werden und vorankommen, tauchen am Wegesrand zuerst kleine Mäuerchen auf, die sich dann in immer höhere Wälle verwandeln.

Dennoch hatten wir keine Wahl. Wir mussten dem Weg der großen Leute folgen, ohne umkehren oder abweichen zu können. Plötzlich den Rückwärtsgang einzulegen war unmöglich. Nur immer schön weiter geradeaus.

Aus den Mäuerchen zu beiden Seiten des Wegs wurden erst Holzzäune, dann von Efeu überwucherte Steinmauern, die schließlich von immer höher wachsendem Mauerwerk abgelöst wurden.

Die Mauern ragten so hoch auf, dass die Sonne zu bestimmten Zeiten fast nicht mehr durchdringen konnte, um uns Licht und Wärme zu spenden. Innen zeichneten sich immer größere Schatten ab.

Es blieb uns nichts anderes übrig, als den eingeschlagenen Kurs beizubehalten. So haben wir uns zunehmend von der Geschichte und dem Zauber unserer Kindheit gelöst.

Alles wurde quadratisch, kalkuliert, rational, logisch, real, konkret, greifbar, nachweisbar. Alles musste Sinn ergeben auf diesem Schachbrett, zwischen all den anderen Feldern, an die wir uns anpassen, die wir füllen oder wieder verlassen mussten.

Als Erwachsene haben wir die unerschütterliche Überzeugung des Apostels Thomas übernommen, der in unserem Kopf unaufhörlich wiederholt: »Ich glaube nur, was ich sehe.«

Der Zauber hatte seine Wirkung eingebüßt.

Die Welt des *Kleinen Prinzen*, die Welt unserer Kindheit ist das vollkommene Gegenteil davon. Als Kinder haben wir uns Geschichten ausgedacht, haben ganze Kontinente erfunden, die es zu erobern galt. Wir haben Fantasiereiche geschaffen, die von Ungeheuern, Göttern, Königen und Königinnen bevölkert waren. So erschien uns die Welt jeden Tag noch schöner, großartiger und faszinierender.

Auch heute noch findet jeder im *Kleinen Prinzen* etwas von dem Kind wieder, das er einmal war. Seine innerste Wahrheit, die irgendwo unter den angehäuften Jahren begraben liegt.

Wenn ich den *Kleinen Prinzen* lese, halte ich den Stein der Weisen in der Hand, der das Kind in mir anspricht.

Dieser Stein der Weisen kann, wenn ich es will, meine Sicht auf die Welt, auf das Leben, erneut verzaubern. Der magische Stein wirkt auf meinen Geist ein und verwandelt die hohen grauen Mauern, die den Weg des Erwachsenen umschließen, in aus Goldfäden geklöppelte Spitze. Damit die Sonne wieder durchdringt und jedes goldene Ornament ihren Schein zurückwirft, sodass er die künftigen Jahre meines Lebens wärmt.

Gold schließt man nicht in einen Koffer, bis es seinen Glanz verliert. Man schürft es und freut sich darüber. Daran erinnert uns *Der kleine Prinz* auch heute noch, jeden von uns.

Wird es uns gelingen, das Kind aufzuspüren, das in jedem von uns schlummert?

Und wenn ja, wie geht das?

Indem der kleine Prinz Sie einen Blick in das Tagebuch seiner inneren Reise werfen lässt? Damit Sie wieder auf den verlorenen Weg zurückfinden und diese verrückte Welt mit Kinderaugen sehen können?

MEIN KLEINER PRINZ HAT MIR INS OHR GEFLÜSTERT

Man muss schon sehr selbstsicher sein,
um Kind bleiben zu können.
Oder sich ganz einfach selbst lieben.

Die Welt mit anderen Augen sehen

Wie der kleine Prinz

»Die Erde ist ja kein beliebiger Planet.«

Als Kinder trugen wir auf dem Rathausplatz meines Dorfes Beynost oft Kastanienschlachten aus. Während der Pfarrer schimpfte, wir sollten jetzt endlich zum Katechismusunterricht ins Pfarrhaus kommen. Wenn gerade Waffenstillstand war, kamen mir, wie allen Kindern, tausend Fragen in den Sinn.

Besonders eine davon ließ mir keine Ruhe.

Wir hatten gerade zum x-ten Mal das Alte, das Neue, das verworfene und das künftige *Testament* durchgenommen, als die Glocke läutete. Der Unterricht war zu Ende, und all meine Freunde eilten hinaus, um den Kampf wieder aufzunehmen. Ich trödelte absichtlich, als ich meine Sachen aufräumte, und wandte mich dann an den Geistlichen. »Wenn Gott alles erschaffen hat, dann hat er doch die ganze Welt erschaffen?«

»Ja«, antwortete mir der gute Mann.

»Und auch das ganze Universum?«

»Ja«, bestätigte der gute Mann erneut.

»Aber – was kommt nach dem Universum?«

Er zögerte und schwieg. Ich warte noch heute auf eine Antwort.

Zu handeln und zu denken wie der kleine Prinz bedeutet vor allem, die Welt, die Menschen und die Dinge in unserer Umgebung anders zu betrachten.

Handeln und denken wie der kleine Prinz heißt akzeptieren, dass all das, was wir gelernt haben, während wir aufwuchsen, bestenfalls zur Hälfte wahr ist. Wenn nicht sogar völlig falsch.

Allen Menschen unterläuft der gleiche Fehler. Wir glauben, dass unser Geist ebenso schnell wächst wie unser Körper.

Zwar vergrößert jeder Mensch im Laufe der Jahre sein Wissen, doch mit dem ganzheitlichen Verständnis der Welt verhält es sich anders.

Gerade das intuitive, feinfühlige angeborene Wissen geht uns auf dem Weg ins Erwachsenenleben zumindest teilweise verloren.

Während wir an Körpergröße zulegen, glauben wir, dass wir uns auf dem Weg zum Gipfel der Weisheit befinden. Doch in Wirklichkeit entfernen wir uns immer weiter von der Erde, ohne das Universum und die Sterne der Erkenntnis je zu erreichen.

Eben daran erinnert uns der kleine Prinz. Die Weisheit und das Wissen, die wir während des Aufwachsens zu erwerben glauben, können den Zauber des Kindseins nicht ersetzen. Eine seltene Schönheit, die uns Erwachsenen meist entgleitet.

Wie im *Kleinen Prinzen* gibt es für die meisten Kinder nur Gut oder Böse, Schwarz oder Weiß, Lachen oder Weinen. Später treten an die Stelle dieser Eindeutigkeit Zweifel, Verirrungen und Kompromisse.

Die ganze Erwachsenenwelt wird zu einer Palette von Grautönen. Man gewöhnt sich daran ... mehr oder weniger, aber ...

Doch sind Menschen, die nicht mehr zwischen Gut und Böse unterscheiden können, wirklich zu beneiden? Jene, die auch noch das Schlimmste erklären, begründen, entschuldigen, verstehen und akzeptieren können?

Freilich gehören Schattierungen zum Leben. In der Liebe ebenso wie auf menschlicher, persönlicher, beruflicher, politischer oder ökologischer Ebene. Doch nicht selten nehmen an sich gesunde Farbtöne Nuancen der Fäulnis an.

Dann geht es nicht mehr um noch akzeptable bläuliche Verfärbungen. Die Schattierungen unseres Lebens verfärben sich zu grünlichem Braun. Auf unseren aufrichtigen Gefühlen und ehrlichen Überzeugungen wachsen nach Verwesung schmeckende Schimmelpilze.

Das ist die Farbe der Unentschlossenheit und der Trägheit. Ihre ständigen Zweifel bringen die Erwachsenen dazu, den Kopf in den Sand zu stecken, statt ihren Problemen ins Auge zu blicken.

Dann gibt es keine Rose, keine Sonnenuntergänge, kein klares Wasser mitten in der Wüste mehr, wie wir sie aus dem *Kleinen Prinzen* kennen. Die Blumen sind verwelkt, das Wasser ist abgestanden und die Sonne hinter mächtigen grauen Wolken verschwunden.

Und wenn ...

Und wenn wir uns nun bemühen, die Welt wieder mit den Augen des kleinen Prinzen zu betrachten?

Was würden wir sehen? Was würde zum Vorschein kommen?

Vielleicht fürchten wir uns davor, unseren bisherigen Lebensplan wieder mit Kinderaugen zu sehen. Was, wenn sich dabei all das, wofür wir gekämpft, was wir angehäuft und gekauft haben, als vergänglich und nutzlos herausstellt? Wo uns doch früher, vor nicht allzu langer Zeit, ganz andere Dinge wichtig waren?

Es ist so einfach, sich hinter dem Status des Erwachsenen, des Wissenden und Erfahrenen zu verstecken. Die Kinderbrille liegt verstaubt in irgendeiner Schublade. Damit wir uns nicht an einstige Träume, an wichtige Menschen erinnern müssen.

Es ist so leicht, sich davon zu überzeugen, dass man Bescheid weiß, wenn man vergessen hat, was ein Kind glücklich macht.

Und wenn ...

Und wenn wir es nun – nur für einen Augenblick – wagen würden, uns umzudrehen? Mit einem fröhlichen Lächeln auf den Weg zurückblicken, der hinter uns liegt?

Vielleicht wiegt unsere Bürde dann nur noch halb so schwer und unsere Fehler fallen gar nicht so stark ins Gewicht?

Lohnt es sich nicht allemal, unsere Vergangenheit mit Kinderaugen zu betrachten? Um in Zukunft ganz einfach mit dem Herzen zu entscheiden?

Wenn Sie Kinder haben, können Sie ein ganz einfaches Experiment machen. Erzählen Sie ihnen von einem Moment in Ihrem Leben, als Sie eine wichtige Entscheidung treffen mussten. Zum Beispiel bei der Suche nach einem neuen Arbeitsplatz oder einer neuen Wohnung. Fragen Sie Ihren Nachwuchs, was er an Ihrer Stelle getan hätte.

Höchstwahrscheinlich wird das Kind Ihnen ein paar ganz einfache Fragen stellen. Fragen, bei denen es nur darum geht, wie sich Ihre Entscheidung auf sein eigenes Leben, auf sein Glück ausgewirkt hätte. Andere Faktoren oder Argumente zählen für das Kind überhaupt nicht.

Gut möglich, dass Ihr Kind Ihnen Fragen stellt, auf die Sie nie gekommen wären. Die naheliegendsten Dinge springen uns manchmal erst ins Auge, wenn sie aus dem Mund eines Kindes kommen.

Die vernünftigen, wohlüberlegten, reifen Entscheidungen führen nicht immer zur besten Lösung. Sie klammern bewusst eine Seite der Gleichung aus, nämlich die der Gefühle. Die ganz persönlichen Seelenregungen jedes einzelnen Menschen, die nur der Blick eines Kindes wahrzunehmen vermag.

DAS REISETAGEBUCH

Die Welt wieder durch die Augen des Kindes betrachten, um sie zu verstehen und die richtigen Entscheidungen zu treffen.

MEIN KLEINER PRINZ HAT MIR INS OHR GEFLÜSTERT

Was das Leben betrifft, sind wir alle Anfänger und Lehrlinge. Wer denkt, er habe seine Lehrjahre schon hinter sich, ist ganz bestimmt noch ein Grünschnabel.

Fest entschlossen und beharrlich sein

Wie der kleine Prinz

Eigensinnig und hartnäckig wie er ist, gibt der kleine Prinz nie auf, bevor er nicht hat, was er will. Sein Schaf. Oder eine Antwort auf eine Frage.

Wie beim Laternenanzünder oder beim Geschäftsmann beharrt er stets auf einer Erklärung, die seinen Wissensdrang befriedigt. Zwar überzeugen ihn nicht alle Auskünfte. Manche verwirren ihn auch oder er kann mit ihnen nichts anfangen. Aber er weiß nun Bescheid. Ob er die Antwort beherzigt oder nicht, eines ist jedenfalls sicher: Er wird seinen Weg weitergehen, nachdem seine Neugier gestillt ist.

Der kleine Prinz ist auf der Suche. Deshalb ist es für ihn so enorm wichtig, dass er Antworten erhält.

Er muss wissen, verstehen, seine Anliegen durchsetzen. Dabei ist er unglaublich hartnäckig. Eben das können wir von ihm lernen: Fest entschlossen und beharrlich unser Ziel zu verfolgen, bis wir bekommen haben, was wir wollen.

Das klingt einfach. Müssen wir wirklich nur auf unsere Wünsche bestehen, um ans Ziel zu kommen?

Kaum zu glauben, aber manchmal ist es tatsächlich so einfach.

Vorausgesetzt, man weiß, was man will. Hören wir dem kleinen Prinzen zu:

»Kannst du mir bitte ein Schaf zeichnen?«

[…]

Und ich habe gezeichnet.

Er sah gespannt zu. Dann:

»Nein! Das ist ja krank. Zeichne ein anderes.«

Ich zeichnete wieder.

Mein Freund lächelte milde.

»Siehst du nicht … das ist kein Schaf.
Das ist ein Widder. Er hat Hörner …«

Also fing ich wieder von vorne an. Aber auch diese Zeichnung fand kein Einverständnis.

»Es ist zu alt. Mein Schaf soll lange leben.«

Eigentlich hatte ich keine Geduld mehr, weil ich meinen Motor hätte ausbauen sollen. Deshalb kritzelte ich etwas hin:

»Das ist die Kiste, in der dein Schaf ist.«

Zu meiner Überraschung hellte sich die Miene meines kleinen Kritikers auf.

»Ja, genauso wollte ich es haben!«

In diesem Abschnitt wünscht sich der kleine Prinz nicht nur, dass der Flieger ihm ein Schaf zeichnet. Er hat auch eine genaue Vorstellung davon, wie es aussehen soll.

Der Pilot fertigt eine Zeichnung nach der anderen, bis der kleine Prinz mit dem Resultat zufrieden ist.

Und das, obwohl er in diesem Moment sehr beschäftigt ist. Er macht sich Sorgen, ob er sein Flugzeug reparieren kann. Merkwürdigerweise fügt er sich in dieser Situation trotzdem den Wünschen des kleinen blonden Kindes, das ganz genau weiß, was für ein Schaf es auf seinen Planeten mitnehmen will.

Er verlangt, dass sein Traumschaf zu seiner Fantasie passt, nicht zur Realität, nicht zu den Möglichkeiten, die der Flieger ihm mit seinen Zeichenkünsten bietet. Er besteht mit seiner ganzen, außerordentlichen Willenskraft darauf, dass das Ergebnis seinen Vorstellungen entspricht und ihm gefällt.

Und wie ist das nun bei uns? Wissen wir wie der kleine Prinz ganz genau, was wir wollen?

Wie damals, als wir zu Weihnachten noch Wunschzettel schrieben?

Sind wir überhaupt fähig, unsere Wünsche vollkommen klar zu äußern, oder geben wir uns zu schnell zufrieden?

Die Einfachheit seiner Bitte offenbart in Wirklichkeit eine Stärke: die der Beharrlichkeit, die nicht auf die Zeit achtet.

Diese Ausdauer hat nichts mit Aggressivität zu tun. Ein Kind fragt eben so lange, bis es seinen Willen bekommt. Es lässt sich nicht beirren, nicht von seiner Überzeugung abbringen.

Eine Beharrlichkeit, die sich ihre Zeit nimmt. Und der man sich als Erwachsener am Ende unterwirft, weil man die Geduld verliert.

Die Eltern unter unseren Lesern kennen diese Situation. Manchmal legen Kinder so viel Eigensinn an den Tag, dass man schließlich den Widerstand freiwillig aufgibt.

Sinnlos, sich aufzuregen oder gar laut zu werden. Es reicht, einfach hartnäckig an seinen Wünschen festzuhalten.

Oft sagen wir uns im Alltag: »Ach, das passt schon!«, nur damit wir schneller zu etwas anderem übergehen können. Aber diesbezüglich können wir vom kleinen Prinzen wirklich etwas lernen.

Wie sollen wir mit einem Ergebnis zufrieden sein, wenn uns gar nicht klar ist, was wir eigentlich wollen? Wenn wir unseren Neigungen nicht folgen und nicht auf unseren Wünschen bestehen?

Wäre es nicht einfacher, in allem, was wir tun, so beharrlich und entschlossen zu sein wie der kleine Prinz? Damit wir unsere Pläne so schnell wie möglich vorantreiben und im Leben weiterkommen?

Es ist doch eigentlich kinderleicht. Man muss nur sein Ziel verfolgen, ohne es auch nur für einen Moment aus den Augen zu verlieren. Irgendwann erreichen wir es schließlich.

DAS REISETAGEBUCH

Bleiben Sie hartnäckig, weichen Sie nicht von Ihren Wünschen und Ihrem Weg ab.

MEIN KLEINER PRINZ HAT MIR INS OHR GEFLÜSTERT

Wenn man von nirgendwo herkommt,
ist jede Hoffnung erlaubt.

AUS DER REALITÄT AUSBRECHEN

WIE DER KLEINE PRINZ

Der kleine Prinz gehört nicht zur Welt des Fliegers. Tatsächlich kommt er von einem anderen Planeten. Daher kennt er die Regeln nicht, die unsere Welt bestimmen. Und kann sich der Wirklichkeit, die ihn umgibt, einfach entziehen.

Erinnern Sie sich? Als Kinder haben wir ganze Welten erfunden. Mit Burgen, Autos, Puppen, Schachteln und Bindfaden als Zubehör. Universen, die ich – wie so viele andere – beim Spielen mit meiner Schwester Stein um Stein aufgebaut habe. Diese Welten funktionierten nach unseren eigenen Gesetzen. Gesetzen, die wir beliebig abänderten, um sie den Geschichten anzupassen, die vor unseren Augen Gestalt annahmen. Wie stark war doch unsere Vorstellungskraft: Nichts war verboten und alles möglich. Wir allein schufen die Gesetze dieser Welten, die uns so völlig real, aber grenzenlos vorkamen.

Jeder von uns kannte damals dieses Gefühl der Allmacht. Wir waren unsere eigenen Herren, jedenfalls mehr als heute, wenn man es sich reiflich überlegt. Wir waren wie der kleine Prinz. Wir konnten aus der Realität ausbrechen, aus ihren Zwängen, aus unserer subjektiven Lebenswirklichkeit

Und wenn ...

Was wäre, wenn wir wieder so fantasievoll, so kreativ wären wie der kleine Prinz?

Haben Sie je darüber nachgedacht, dass unsere kindliche Fantasiewelt tatsächlich Wirklichkeit wird? Dass sie in dem Augenblick, in dem wir ganz ins Spiel versunken sind, wahrhaftig irgendwo existiert? Tatsächlich Teil einer anderen Wirklichkeit ist? Wir alle haben schon von parallelen Universen gehört, von Wurmlöchern, der Krümmung des Universums und der Dehnung der Zeit. Und wenn ... jetzt in dem Augenblick – in dem wir in heiligem Ernst den Prinzen und die Prinzessin treffen, in dem unsere Streitkräfte eine von bösen Mächten besetzte Festung befreien – diese Szenerie tatsächlich irgendwo im Universum Wirklichkeit würde?

Die Stärke des kleinen Prinzen liegt darin, dass er alles für möglich hält.

Diese Stärke besaßen wir als Kinder ebenfalls. Es war ein Leichtes für uns, der Wirklichkeit zu entfliehen, um eine bessere Welt zu erschaffen. Eine Welt, die genau unseren Vorstellungen entsprach.

Wie ist es denn heute um unsere kreative Schöpferkraft bestellt? Früher machte es uns überhaupt keine Mühe, den Lauf der Welt zu ändern und unserem noch jungen Leben eine neue Richtung zu geben. Beides gehörte für uns derselben Dimension an.

Für mich besteht zwischen damals und heute nur ein Unterschied in den Benennungen. Die Fähigkeit des Kindes, in seiner Fantasiewelt zu leben, nennt man im Erwachsenenleben »Fähigkeit zur projektiven Identifizierung«.

Wenn wir wie in der Kindheit dazu imstande sind, uns in unsere Träume, unsere Wünsche hineinzuprojizieren, dann wird diese Vision mit der Zeit zunehmend unsere Wirklichkeit prägen, sie unseren

Wünschen angleichen. Bis sich daraus eine neue Realität entwickelt, die dem entspricht, was wir uns für unser Leben wünschen.

Aus der Realität auszubrechen – wie der kleine Prinz – heißt, dass wir uns eine neue ganz nach unseren Wünschen schaffen können.

Im Kontinuum des Lebens ist nichts unveränderlich. Alles hängt von unserem Willen und unseren Träumen ab, von den Veränderungen, die wir auf unsere Zukunft projizieren, damit die schönsten Bilder unserer Fantasie reale Abbilder der Welt werden, die uns umgibt, des Lebens, das wir führen.

DAS REISETAGEBUCH

Wer aus der Realität auszubrechen vermag, kann sich seine eigene Welt erschaffen.

MEIN KLEINER PRINZ
HAT MIR INS OHR GEFLÜSTERT

Sei ein Engel,

damit du fliegen lernst.

Das Unaufschiebbare vom Wichtigen unterscheiden

Wie der kleine Prinz

Die Wörter »Aufschieberitis« und »Achtsamkeit« sind in den letzten Jahren zunehmend zu Modebegriffen und -themen geworden. Und zwar in allen Bereichen des privaten und beruflichen Lebens. Diese beiden Pole der persönlichen Entwicklung hat Antoine de Saint-Exupéry in diesem Buch zweifellos schon vorweggenommen.

Nichts auf morgen verschieben und die unaufschiebbaren von den wichtigen Alltagspflichten unterscheiden. Das ist schnell gesagt beziehungsweise geschrieben. Viel schwieriger ist es aber, diesen Vorsatz jeden Tag in die Tat umzusetzen. Gelingt uns das immer?

Der kleine Prinz erklärt dem Flieger sein Problem mit den Affenbrotbäumen. Er muss unbedingt verhindern, dass sie sich auf seinem kleinen Planeten zu stark vermehren. Damit gibt er uns zu verstehen, dass wir auf keinen Fall zu Gunsten unseres Vergnügens vernachlässigen dürfen, was für uns überlebenswichtig ist.

Vergnügungen, Belanglosigkeiten und andere oberflächliche Formen des Zeitvertreibs nehmen in unserem Leben viel zu viel Raum ein. Obendrein halten wir das alles für unglaublich wichtig. Da fällt es manchmal schwer, zwischen dem zu unterscheiden, was Spaß macht und dem, was notwendig, wesentlich oder nützlich ist.

Als Kind ging ich manchmal mit meinem Vater in die Tischlerei. Da gab es eine Hobelmaschine, eine Bandsäge, eine Schleifmaschine und andere riesige Geräte. Dahinter standen Säcke, in die Sägemehl und Hobelspäne fielen. Eine meiner ersten Aufgaben bestand darin, sie auszutauschen, sobald sie voll waren. Die Säcke waren fast mannshoch und überragten mich bei Weitem. Ich musste sie oben zuschnüren und sie dann mit beiden Armen an den Körper drücken, um sie nach draußen und weiter in die Lagerhalle zu schieben. Laufburschenarbeit, mühsam und anstrengend, vor allem für Kinderhände. Aber für das Funktionieren der Werkstatt war es eine absolut wichtige Aufgabe. Wenn die Säcke voll waren, stellten die Maschinen von selbst den Betrieb ein. Dann konnte kein einziges Stück Holz mehr gehobelt oder geschliffen werden.

Das Unaufschiebbare war, Möbel herzustellen, Einrichtungsgegenstände, Regale und Küchen für die Kunden, damit die Firma überleben konnte. Das Wichtige war, dafür zu sorgen, dass es überhaupt möglich war. Dafür mussten die Maschinen laufen. Das Leeren der Säcke war nur ein winziges Glied im Produktionsprozess, aber für mich in meinem Alter war es eine überaus bedeutsame Mission. Ich stellte sicher, dass die Maschinen funktionieren und die Säcke die Abfallprodukte aufnehmen konnten. Nur wenn auf den Matten keine Holzreste zurückblieben, konnten die Schreiner und Möbelmacher überhaupt Möbel anfertigen. Kleine Kunstwerke, die anschließend zu den Kunden wanderten.

Damals hatte ich einen festen Platz in diesem Umfeld. Meine Aufgabe war wichtig, aber nicht unaufschiebbar. An dieser Stelle möchte ich zweier Männer gedenken, die nicht mehr unter uns sind, Bernard und Robert. Wir hatten viel Spaß zusammen, wenn sie mich in einen Haufen von Spänen warfen, aus dem ich nur mit Mühe wieder herausklettern konnte.

Kann ich heute in meinem Alltag noch das Unaufschiebbare vom Wichtigen unterscheiden? Da bin ich mir ganz und gar nicht sicher. Das hat mir der kleine Prinz klargemacht, als ich Saint-Exupérys Buch wieder gelesen habe.

»Was ist das Wichtigste, damit du das tun kannst, was du tust, nämlich jeden Tag schreiben?«, fragte mich mein kleiner Prinz.

»Für mich selbst Sorge zu tragen«, erwiderte ich.

»Aber das tust du nicht«, sagte er.

Sogar jetzt gelingt es mir wie vielen anderen Menschen noch nicht, seine weisen Worte vollkommen zu verinnerlichen und sie in die Tat umzusetzen. Das Unaufschiebbare vom Wichtigen zu unterscheiden.

Und wie steht es mit Ihnen? Was ist für Sie das Wichtigste, was das Unaufschiebbarste in Ihrem Leben? Können Sie das eine vom anderen unterscheiden?

Welches sind in unserem Leben die Affenbrotbäume, vor denen wir uns in Acht nehmen müssen, weil sie sonst unser Leben überwuchern?

Die Botschaft des kleinen Prinzen lautet: Vergiss nie, dich um das Wichtigste zu kümmern. Wir sollten nie auf morgen verschieben, was für uns dringlich ist.

DAS REISETAGEBUCH

Das Unaufschiebbare
macht das Wichtige möglich.
Umgekehrt geht es nicht.

MEIN KLEINER PRINZ HAT MIR INS OHR GEFLÜSTERT

Das Wichtigste beim Schachspielen sind weder die Bauern noch die anderen Figuren, sondern das Schachbrett.

Sich selbst Gutes tun können

Wie der kleine Prinz

»Wenn du richtig gut über dich richten kannst,
dann bist du ein echter Weiser.«

Auf seinem kleinen Planeten kann der kleine Prinz der Sonne jeden Abend bis zu dreiundvierzigmal beim Untergehen zusehen. Und er ist sich bewusst, dass ihn dieses Schauspiel glücklich macht und ihn zur Ruhe kommen lässt.

Auf seinem kleinen Planeten schreibt ihm niemand vor, woran er Freude oder worauf er Lust haben soll. Er weiß, was ihm guttut, und entscheidet ganz allein, ob er seinen Stuhl ein paar Meter weiterrücken will, um den nächsten Sonnenuntergang zu genießen. Es gibt keine Mode, keine Bräuche oder Medien, die ihn beeinflussen könnten.

Der kleine Prinz braucht also weder andere Menschen noch Ratschläge, um sein Glück zu finden.

Jede Kleinigkeit zaubert ein Lächeln auf sein Gesicht, alles erfreut ihn. Am meisten aber bedeuten ihm die besänftigenden, Kraft spendenden Sonnenuntergänge, von denen er nicht genug bekommen kann. Das gibt uns der Erzähler am Ende der Begegnung zwischen dem kleinen Prinzen und dem

Laternenanzünder zu verstehen: »Der kleine Prinz wagte nicht, sich einzugestehen, dass er seinem Planeten nachtrauerte, vor allem um der 1440 Sonnenuntergänge willen, in 24 Stunden.«

Und wir? Wie oft tun wir uns etwas Gutes im Alltag? Wenn alles, unsere Verpflichtungen, Arbeit und Familie, an uns zerrt, sodass wir uns angesichts der Anforderungen vierteilen?

Wenn wir in unser Innerstes horchen, wird uns schnell klar, dass wir mehr Zeit damit verbringen, es allen recht zu machen, statt uns um uns selbst zu kümmern. Uns Gutes zu tun verschieben wir auf den Sankt-Nimmerleins-Tag, wenn wir in den Urlaub nach Kreta reisen. So wir denn Urlaub nehmen.

Wer hindert uns denn nun daran, uns Zeit für uns selbst zu nehmen, für uns Sorge zu tragen? Niemand anderes als wir selbst.

Machen Sie es an dieser Stelle wie ich: Schalten Sie zum ersten Mal nach Monaten Ihr Telefon aus und schauen Sie, lauschen Sie …

Sie sind für niemanden zu erreichen. Keiner weiß, was Sie tun und wo Sie sind. Niemand kann zwischen Sie und Ihr Universum, Sie und Ihr Selbst treten. Sie sind allein. Es geht Ihnen gut. Nun brauchen Sie nur noch diesen Rahmen mit etwas füllen, das Ihnen zusagt. Musik, Lektüre, Tagträume, Kochrezepte, Gartenarbeit, irgendeine Tätigkeit, auf die Sie Lust haben ... um sich in diesem Moment, wenn das Telefon schweigt, etwas Gutes zu tun.

Bitte versuchen Sie es, egal wann Sie diese Zeilen lesen. Jetzt sofort, nicht demnächst. Versuchen Sie es immer wieder.

Lernen Sie von Neuem, sich wie der kleine Prinz Gutes zu tun. Auch wenn die Sonnen sich nicht durch die Wolken kämpfen können, ja manche sogar erloschen scheinen.

Denn Selbstfürsorge bedeutet nicht nur, sich Wünsche zu erfüllen und zu genießen. Es heißt auch, auf die Verletzungen von gestern den Balsam der Zeit zu streichen, damit die Wunden heilen können.

Die Sonnenuntergänge trösten den kleinen Prinzen, wenn er traurig ist. Wir sind selbst dafür verantwortlich, all das in unserem Leben zu pflegen, das unseren Herzschmerz lindern kann.

Ihr Telefon ist ausgeschaltet, kein Bildschirm stört Ihre Gedankengänge. Flackert da tief in Ihrem Innern nicht bereits zaghaft das eine oder andere Wunschbild auf?

Ist das nicht vielleicht Ihr kleiner Prinz, der versucht, zu Ihnen zu sprechen? Noch ist seine Stimme nur schwach zu hören, von ganz weit her. Sie sind ja so lange nicht mehr mit dem Kind in Berührung gekommen, das Sie einst waren ... Und doch: Stehen diese Bilder nicht für unerfüllte Wünsche und Sehnsüchte, für momentane Freuden, die er Ihnen sachte ins Ohr flüstert?

Lauschen Sie seiner Stimme ... Ihr kleiner Prinz will nur Ihr Bestes. Wenn Sie sich um ihn kümmern, tun Sie auch sich selbst etwas Gutes.

Das Reisetagebuch

Man kann niemanden glücklich machen,
bevor man nicht gelernt hat,
sich selbst glücklich zu machen.

MEIN KLEINER PRINZ HAT MIR INS OHR GEFLÜSTERT ☼

Man weiß nie,
wann man die Menschen, die Natur oder
die Tiere zum letzten Mal sieht.

Seinen Traum hüten

Wie der kleine Prinz

Einen Traum haben und fest daran glauben ist manchmal schwierig ... Denn das Leben ist nicht jeden Tag ein langer, ruhiger Fluss.

Einen Traum zu haben bedeutet, einen Lebensentwurf zu verfolgen, der uns zu unserem Glück führt. Ohne dass wir davon abweichen und uns auf Wege begeben, die uns nichts angehen. Ohne dass wir uns von unserem Umfeld beeinflussen lassen, selbst wenn die Ratschläge gut gemeint sind. Denn sie versuchen, uns in eine Richtung zu drängen, in ein Leben, das nicht das Unsere ist.

Aber selbst wenn wir unbeirrt unserem Stern folgen, kommt es vor, dass uns jemand absichtlich oder unabsichtlich entmutigt. Jemand krittelt an unserem Traum herum, macht sich lustig darüber oder legt uns Steine in den Weg. Dann müssen wir fähig sein, über diese Angriffe hinwegzugehen. Sie abperlen zu lassen wie Wassertropfen vom Gefieder eines Schwans.

Nichts darf uns an unserem Traum zweifeln lassen, nicht von dem Weg abbringen, den wir zu seiner Erfüllung gewählt haben.

Denn wenn unser Traum erlischt, dann verlöschen mit ihm alle Sterne. Wie für den kleinen Prinzen, als er feststellt, dass seine Rose keineswegs die einzige auf der Welt ist.

Unser Traum bleibt das ganze Leben lang unser Schatz. Wie die Schatztruhe unserer Kindheit, in der wir alle unsere Reichtümer aufbewahrt haben. Die wir schlau auf dem Dachboden oder in unserem Zimmer versteckten, damit keiner sie finden und uns wegnehmen konnte. Dieser Karton war damals alles für uns, und wir verstanden es, ihn zu hüten.

Unterwegs in den Gefilden der Erwachsenenwelt mit ihren Konventionen und Schubladen, müssen wir uns ständig zwischen Verpflichtungen und Verboten durchschlängeln. Eben dann wird unser Traum unser kostbarstes Gut. Gleich der Schatztruhe unserer Kindheit ist er von unschätzbarem Wert.

Wir alle haben einen Traum, auch wenn wir manchmal zweifeln, ob er sich verwirklichen lässt. Aber genau darauf sollten wir vertrauen. Lassen Sie niemals zu, dass er zerstört wird. Behüten Sie ihn, dann wird er sich in Ihren Gedanken entfalten, um schließlich Wirklichkeit zu werden.

Es macht auch nichts, wenn Sie der einzige Mensch sind, der um die Bedeutung dieses Traumes weiß. Es geht allein um Sie und Ihr Leben, um Ihre Suche nach dem Glück.

Folgen Sie ihm als Ihrem ganz persönlichen Leitstern. Irgendwann wird dieser zum Eckstein des glücklichen Lebens, das Sie für sich entworfen haben.

Sie sind der einzige Mensch, der das weiß, der das versteht.

Lassen Sie niemals zu, dass jemand auf Ihrem Traum herumtrampelt. Schützen Sie ihn vor bösen Worten und Gedanken, vor einem allzu düsteren Licht.

Sie können auch versuchen, den ein oder anderen Kindheitstraum zu verwirklichen.

Dazu möchte ich Sie herzlich einladen.

Am Anfang dieses Buches findet sich eine Rubrik mit der Überschrift »Bevor Sie zu lesen anfangen«. Dort hatte ich Sie gebeten, all Ihre Kindheitsträume aufzuschreiben, selbst die verrücktesten und gewagtesten. Blättern Sie doch kurz zurück und fügen Sie jene Wünsche hinzu, die Ihnen erst jetzt wieder in den Sinn gekommen sind. Manchmal ruft das Eintauchen in die Welt des kleinen Prinzen in uns Erinnerungen wach, die wir tief in unserem Innern verschlossen hatten.

Sie könnten aus dieser Liste einen Plan aufstellen. Nehmen Sie sich doch vor, jedes Jahr einen Ihrer kindlichen Träume zu verwirklichen. Einfach weil Sie Lust dazu haben. Um Ihrem kleinen Prinzen Jahr für Jahr neue Energie zu schenken.

Um zu träumen, seinem Traum zu folgen, ihm Leben einzuhauchen und ihn in der Wirklichkeit zu verankern.

Wenn andere Menschen uns ihre Träume anvertrauen, sollten wir sie ernst nehmen, statt sie zu belächeln. Denn wir können nie wissen, was sie antreibt und warum es für sie wichtig ist, gerade diesen Traum zu verwirklichen.

Träume sollten behütet und erhalten werden, das gilt für die anderer Menschen genauso wie für unsere eigenen. Wir sollten sie im Laufe der Zeit immer weiter hegen und pflegen.

Hüten Sie Ihren Traum, als wäre er Ihr Kind. Er allein ist der Beweis dafür, dass der kleine Prinz, der Sie einst waren, in Ihnen noch lebendig ist und nur darauf wartet, sich zu offenbaren.

Das Reisetagebuch

Wenn ein Kind einen Traum hat,
legt es ein Gelöbnis ab,
und das Gelobte wird wahr.

MEIN KLEINER PRINZ HAT MIR INS OHR GEFLÜSTERT

Wenn der Mensch es weit bringen will,
stellt er sich aktiv der Zukunft,
statt nur sein Schicksal hinzunehmen.

Lieben

wie der kleine Prinz

»Die Augen sind ja doch blind.

Man kann nur mit dem Herzen suchen.«

Auf den ersten Blick ist die Liebe das natürlichste und eindeutigste Gefühl überhaupt. Dabei ist sie keine Selbstverständlichkeit, die uns das Leben auf dem Silbertablett serviert, sodass wir nur noch zuzugreifen brauchen. Wir alle wissen aus Erfahrung, dass das Lieben gelernt werden will. Daran erinnert uns auch der kleine Prinz.

Als Kind habe ich eine Trauzeremonie miterlebt, die mich tief berührt hat. Dicht gedrängt standen die Hochzeitsgäste in der Kirche, und ich spürte, wie bewegt sie alle waren. Tränen stiegen mir in die Augen. Seltsamerweise ging es mir vierzig Jahre später genauso. Im letzten Herbst hat ein befreundetes Paar geheiratet, und ich konnte meine Tränen nur mit Mühe zurückhalten. Tränen des Glücks, Tränen der Sehnsucht, ich weiß es nicht. Bei der Heirat, die ich als Kind erlebt habe, küssten sich die Eheleute nach dem feierlichen Ehegelöbnis.

Ich erstarrte förmlich und fragte mich entsetzt: Wie werde ich meine Liebste vor aller Augen küssen können, wenn ich groß bin? Vor all den Leuten? Das schaffe ich bestimmt nie ...

Dieser Gedanke hat mich lange beschäftigt.

Diese schlichte Kinderangst konnte ich nie jemandem anvertrauen. Es dauerte viele Jahre, bevor ich so weit war, vor den Augen der anderen ein Mädchen zu küssen und dabei alles um mich herum zu vergessen. Denn Lieben ist auch das: In der ersten Verliebtheit das Gefühl zu entdecken, ganz allein auf der Welt zu sein.

Liebe hat viele Gesichter. Das wissen die meisten von uns aus eigener Erfahrung. Das Spektrum reicht von heißer Leidenschaft, die auch destruktive Formen annehmen kann, bis hin zur Behaglichkeit der nunmehr zur Gewohnheit gewordenen Gefühle. Schwärmerische Fantasielieben oder die totale Verschmelzung der Herzen, der wir einen Teil unserer Persönlichkeit opfern. Jede Liebesbeziehung hat unzählige Facetten!

Doch alle haben sie etwas gemeinsam. Im Auf und Ab der Gefühle lernen wir uns selbst und den anderen kennen. Emotionen lassen sich ja weder kontrollieren noch in geordnete Bahnen lenken. Da ist jemand über Nacht in unser Leben getreten, ob wir dafür bereit waren oder nicht. Wer sind wir gerade? War der Zeitpunkt richtig? Aus welchem Grund ist alles so reibungslos verlaufen? Oder warum war es im Gegenteil so kompliziert und schmerzhaft?

Ob diese Liebesgeschichte nun gut oder schlecht verläuft, sobald wir sie erleben, erfahren wir einiges über uns selbst. Wir glaubten zu wissen, wer wir sind und wie wir reagieren … Von wegen. Nichts ist je so passiert, wie wir es uns als Kind ausgemalt haben.

Bei jeder Liebesgeschichte müssen wir auch unser Gegenüber kennenlernen, diese Fremde, diesen Fremden, die wir uns in den geheimsten Winkeln unseres Herzens erträumt haben.

Diesen anderen Menschen, der nicht ganz oder vielleicht gar nicht dem Bild entspricht, das wir uns gemacht hatten. Wir glaubten zu wissen, wie der oder die Richtige sein müsste. Aber egal, wie glücklich wir in einer Beziehung sind, am Ende ziehen wir oft ernüchtert das Fazit: »Jetzt weiß ich wenigstens, was ich nicht will.«

Ein Lernprozess ... das Lieben ist eine lange Lehrzeit, keine Selbstverständlichkeit, kein Geschenk, das uns in den Schoß fällt und das wir nur noch auszupacken brauchen.

»Ich war viel zu jung, um lieben zu können«, erklärt uns der kleine Prinz. Kinder haben kein Problem damit, ihre Fehler einzugestehen und um Vergebung zu bitten. Erwachsene hingegen neigen dazu, nach dem Scheitern einer Beziehung dem Partner die Schuld in die Schuhe zu schieben.

Liebe erfordert vieles, das wir erst lernen müssen: geben, zuhören, überraschen, ehrlich und geduldig sein. Denn eine Geschichte entwickelt sich selten so, wie wir uns das zu Anfang vorgestellt hatten. Sie bleibt nicht gleich, nicht auf den Moment fixiert. Sie wächst mit unseren Lebenserfahrungen, unserer persönlichen Entwicklung. Und diese Veränderungen schweißen manche Paare zusammen, während andere sich auseinanderleben.

Wer lieben kann wie am ersten Tag, hat diesen Lernprozess schon hinter sich. Denn wahrhaft zu lieben erfordert Zeit, Demut, die Fähigkeit zuzuhören, zu vergeben und darüber hinaus ganz viel Geduld … Dieselbe Geduld, die Kinder an den Tag legen, wenn es um den ersten gestohlenen Kuss geht.

Erinnern Sie sich noch an Ihren ersten Kuss?

DAS REISETAGEBUCH

Lieben ist die schönste aller Reisen.

MEIN KLEINER PRINZ HAT MIR INS OHR GEFLÜSTERT

Für sie war ich nur ein geheimer Garten.

Für mich war sie mein ganzes Leben.

Ein neues Kapitel aufschlagen

Wie der kleine Prinz

Die Flügel weit aufspannen und die Vergangenheit hinter sich lassen. Trotz alledem. Das ist nicht so leicht, wenn sich mit den Jahren Gewohnheiten einschleifen, die zu Bezugspunkten werden. Wir halten an ihnen fest, um im Alltag nicht aus dem Gleichgewicht zu geraten.

Manchmal sehen wir uns zu einem Neuanfang gezwungen. Dann wieder haben wir einfach Lust auf Veränderung. Doch es ist gar nicht so einfach, ein ganzes Kapitel seines Lebens, das wir uns über die Jahre aufgebaut haben, einfach abzuschließen.

Im Leben unserer Vorfahren gab es solche Umschwünge nicht. Ihr Lebensweg war vorgezeichnet, von der Kindheit über die Ehe bis zur Elternschaft und hin zum Tod. Im Guten wie im Bösen folgten unsere Ahnen einfach den Vorgaben. Unabhängig vom sozialen Status, der Kultur oder dem Herkunftsland. Selbst wer sich wünschte fortzugehen oder sein Leben zu verändern, fand nur schwerlich einen Weg aus dem Muster heraus. Ein neues Kapitel aufzuschlagen, das war die Ausnahme von der Regel.

So setzte sich die Geschichte der Menschheit von Generation zu Generation fort. Tradition, Glaube und Wahrheiten wurden übernommen, Fehler wiederholt. Auch Paarbeziehungen und Gesellschaft hatten nach den immer gleichen ungeschriebenen Gesetzen zu funktionieren.

So hat sich die Welt lange Zeit in einer Endlosschleife gedreht. Nur wenige Neugierige, Entdecker, Erfinder und Forscher versuchten, über das bereits vorhandene Wissen, über das bereits Bestehende hinauszugelangen. Oft haben sie dafür einen hohen Preis bezahlt, ihren guten Ruf und die Zugehörigkeit zu einer bestimmten Gruppe, ja selbst ihr Leben verloren. Noch vor nicht allzu langer Zeit war es für einen Bauernsohn undenkbar, einen anderen Weg einzuschlagen, als in die Fußstapfen seines Vaters zu treten.

Dieses ewig gleiche Muster, dieses Joch, dem unabhängig vom Status niemand entkommen konnte, gehört heute der Vergangenheit an. Wir haben uns die Freiheit erobert. Die Freiheit zu sein, zu bleiben, zu gehen, uns zu ändern und ein neues Kapitel aufzuschlagen ... Was für eine Freiheit ...

Doch erlegt diese Freiheit uns auch eine Bürde auf! Dass wir früher keine Wahl hatten, machte das Leben eben auch einfacher. Wir konnten uns von ihm tragen lassen, statt alles selbst zu entscheiden. Wir begehrten nur, was wir kannten. Und weil wir nichts anderes kannten, wünschten wir uns nur, was der Rahmen der Regeln zuließ. Ein Paket von Wahrheiten und Leitbildern, das uns noch nicht mal unglücklich machte. Es war ja schließlich nichts anderes in Sichtweite.

Heute ist alles bekannt, sichtbar, denkbar. Jedenfalls scheint es so, als stünden uns alle Möglichkeiten offen. Wir können jederzeit eine neue Richtung einschlagen. Aufbrechen in ein anderes Universum, von dem wir uns angezogen fühlen und das uns zu entsprechen scheint.

Die Welt ist zu einem reichhaltigen Büfett geworden. Vor unseren Augen liegen Orte und Berufe, Chancen, Begegnungen, Vergnügungen und Liebe. Wir müssen nur zugreifen.

Doch wer die Wahl hat, hat die Qual, denn nichts ist schwieriger, als eine Wahl zu treffen. Wählen, den ersten Schritt tun, die alten Gewohnheiten ablegen, die Vergangenheit, ein neues Leben anfangen.

Denn wie der kleine Prinz wissen wir, was wir zurücklassen, wenn wir in unbekannte Gefilde aufbrechen. Und so sagen wir uns ein paar Tage vor dem Umzug, dem Stellenwechsel, dem neuen Leben: »Das ist das letzte Mal, dass …«

Es ist nie einfach, ein neues Kapitel aufzuschlagen. Aber heute ist es im Gegensatz zu früher möglich.

Oft sind es nur unsere Befürchtungen, die uns daran hindern, einen Neuanfang zu wagen. Fast alle anderen Tabus sind gefallen.

Aber unsere Ängste sind mächtig. Es gibt nur eine Person, die uns helfen kann, sie zu überwinden. Nämlich das Kind, das wir einst waren. Dieser kleine Prinz, der weise auf seinem Planeten sitzt, verträumt, wie wir es einst waren, und begeistert an die Vielfalt der Wege und Reiseziele denkt. Dieser kleine Prinz, den wir zur Trägheit verdammt haben, damit er nicht auf das hört, was ihn mit Energie erfüllt, was ihn antreibt.

Sollen wir wirklich auf den letzten Tag unseres Lebens warten, um schließlich zu bereuen, was wir alles verpasst haben? Sollen wir zulassen, dass unser Freund, das Kind von einst, vor Langeweile stirbt?

Nur weil wir es nicht schaffen, den ersten Satz eines neuen Kapitels in unserem Leben zu schreiben? Na kommen Sie schon, trauen Sie sich!

DAS REISETAGEBUCH

Ein neues Kapitel aufschlagen heißt,
die eigene Lebensgeschichte
neu zu schreiben, immer wieder.

MEIN KLEINER PRINZ HAT MIR INS OHR GEFLÜSTERT

Man weiß immer erst am letzten Tag,
was man behält, was man gewinnt
und was man zurücklässt.

Unbeugsam und unbestechlich sein

Wie der kleine Prinz

»Und was bringt es dir nun, wenn du die Sterne besitzt?«

Der kleine Prinz beugt sich keiner Macht. Der Vorschlag des Königs, für ihn einen Sonnenuntergang zu befehlen oder ihn zum Justizminister zu ernennen, interessiert ihn nicht. Unbeugsam und unbestechlich wie er ist, akzeptiert er die Pseudoautorität des Monarchen nicht. Warum soll jemand über ihn herrschen und für ihn entscheiden, was er tun und denken soll? Überdies ein König, der über gar nichts regiert.

Seien wir ehrlich. Als Erwachsener stark zu bleiben und ohne Kompromisse zu leben, was das Denken und Handeln angeht, ist ein schwieriges Unterfangen! Und, wie wir alle wissen, ein Versprechen, das wir nicht immer halten können.

Natürlich funktioniert das Zusammenleben mit anderen Menschen nur, wenn sich alle an bestimmte Regeln halten. Aber müssen wir deshalb vor jeder Macht, mit der wir es zu tun bekommen, kapitulieren? Uns gegen unseren Willen und wider unsere Überzeugungen verhalten? Hierarchische und patriarchale

Strukturen, Polizei, Behörden, Religion, Politik und überhaupt alle Formen der Macht stehen letztlich nur für das Gesetz des Stärkeren. Und dieses Gesetz muss man nicht immer hinnehmen. Sich ständig unter das Joch zwingen zu lassen, führt einzig dazu, dass man vor der Zeit bucklig wird.

Ich erinnere mich, wie meine Großmutter mich wieder mal wegen des Unfugs ausschimpfte, den ich angestellt hatte. Sie zeigte vorwurfsvoll auf das Medaillon, das an einer langen Kette um meinen Hals hing, und sagte: »Pass bloß auf, das Jesuskind sieht dich!«

Diese Figur auf meinem Taufmedaillon hatte also die Macht, mich jedes Mal zu bestrafen, wenn ich nicht gehorchte. Es sei denn ...

Ich nahm das Medaillon zwischen die Finger und betrachtete es. Dann blickte ich zu meiner Großmutter auf, die mir in diesem Moment uralt vorkam. Schnell schob ich den Anhänger in meinen Nacken und sagte: »So, jetzt kann mich das Jesuskind nicht mehr sehen.«

Meine Oma brach in Gelächter aus, und ich ging zufrieden wieder spielen.

Für Kinder ist es so einfach, so selbstverständlich, sich über die Regeln der Macht hinwegzusetzen. Später ändert sich das. Die Religion zum Beispiel schafft es immer wieder, dass wir uns voller Schuldgefühle selbst geißeln. Sie dreht uns so lange durch den Fleischwolf, bis wir uns völlig von ihr beherrschen lassen, bis wir uns dieser obersten Instanz jederzeit und in jeder Beziehung beugen. Jener Instanz, die in der Kindheit nichts weiter war als ein schlichtes Medaillon.

Ich will hier keinesfalls den Glauben als solches verteufeln. Es geht mir vielmehr darum, dass Macht tyrannisch werden kann. Doch von dieser Tyrannei können wir uns jederzeit befreien. Und uns entscheiden, mit ihr zu leben, auf Augenhöhe, oder auch nicht.

Es ist so leicht, mit unseren Ängsten zu spielen, die mit dem Alter immer stärker werden. Alle Formen der

Macht nutzen den Hebel der Angst vor dem Leben und vor dem Tod, nicht nur die Religion. Wie schnell verzichten wir beispielsweise auf Freiheiten, weil wir uns von politischen Autoritäten unter Druck setzen lassen. Wir unterwerfen uns ohne jeden Grund.

Unbeugsam zu sein heißt nicht, dass wir rebellisch, fanatisch, jähzornig oder rachsüchtig werden. Es bedeutet ganz einfach, dass wir an uns glauben und unseren Weg gehen. Dass wir keine Angst haben, uns nicht beeinflussen lassen und uns die Freiheit nehmen, zu bleiben oder aufzubrechen. Wie der kleine Prinz.

DAS REISETAGEBUCH

Lassen Sie sich nie von etwas anderem als Ihren Träumen beherrschen.

MEIN KLEINER PRINZ HAT MIR INS OHR GEFLÜSTERT

Ich glaube an all das,
was der Mensch nicht versteht,
und misstraue allem,
was von ihm kommt.

Sich in Bescheidenheit üben

Wie der kleine Prinz

Als Erwachsene gewinnen manche Menschen zu sehr … zu oft, zu schnell, zu viel Geld, zu viel Ruhm. Sie haben Talent oder landen einen Erfolg, aber häufig waren es ihre Beziehungen, die ihnen den Weg ebneten. Man hält ihnen den Steigbügel, und schon sitzen sie auf dem Rücken eines Vollblüters.

In der schwindelerregenden Höhe ihrer wichtigen Stellung vergessen sie dann, dass sie nicht nur durch eigene Kraft zu Erfolg gekommen sind. Sie bilden sich ein, etwas ganz Besonderes zu sein.

Die Eitelkeit blüht auf, wenn man ausblendet, wie man an die Spitze gelangt ist. Nicht durch Talent oder Können, sondern durch Anmaßung.

Wer hingegen durch harte Arbeit zu Erfolg gekommen ist, bildet sich selten etwas darauf ein. Wenn der Weg zum Gipfel steil und steinig war, entsteht daraus vielmehr Demut.

Menschen, die alles geben, verausgaben sich natürlich. Aber sie laufen viel weniger Gefahr, der Eitelkeit zu erliegen.

Vor einigen Jahren hat mir ein Bekannter gesagt: »Wenn es bei dir erst einmal gut läuft, wirst du dir wie alle anderen bald etwas darauf einbilden.«

Ich weiß nicht, ob er in dem Moment wirklich von mir oder eher von sich selbst sprach. Darum habe ich ihm spöttisch geantwortet: »Auf einen geschwollenen Kamm passt kein Hut.«

Schließlich kam der Tag, an dem all das, was ich seit Jahren gesät hatte, aufging. Doch diese erste magere Ernte löste bei mir keine Überheblichkeit aus. Der Preis, den ich bezahlt hatte, brachte mich vielmehr dazu, demütig zu jenen Menschen aufzuschauen, die sich die Verwirklichung ihres Traums erarbeitet hatten.

Merkwürdigerweise war keine dieser Personen eingebildet, egal ob es sich um Sportler, Schriftsteller, Erfinder, Musiker, Ingenieure, Designer, Schauspieler oder anderweitig tätige Menschen handelte. Sie alle wussten, welchen Preis sie bezahlt hatten. Trotzdem war ihnen der Wille, sich zu engagieren, sich zu übertreffen, etwas aufzubauen und sich zu verwirklichen nicht abhandengekommen.

Der Kontakt zu dem Bekannten hingegen, der behauptete, »sich für mich zu freuen«, schlief mit der Zeit ein. Meine Anrufe blieben unbeantwortet.

Nach und nach hat er mich aus seinem Bekanntenkreis ausgeschlossen. Erst später habe ich verstanden, dass das Problem in seinen persönlichen Projektionen bestand. Er hatte seine Aufgeblasenheit auf mich übertragen.

Man kann zweifellos auch durch Projektion und Eifersucht eingebildet werden.

Seltsamerweise sind manche Kinder bereits in der Schulzeit eingebildet. Und zwar aus den gleichen Gründen wie die Erwachsenen, die über Beziehungen und ohne große Anstrengung zu Erfolg gekommen sind.

Bei uns im Pausenhof war Thomas so ein Typ. Er kam aus einer begüterten Familie und zeigte uns ständig die Geschenke, die er für gute Noten, seinen

Geburtstag oder einfach so bekam. Seine Klamotten waren immer der letzte Schrei, er besaß die schönste Schultasche und immer den aktuellsten technischen Schnickschnack, ohne dass er dafür auch nur einen Finger rühren musste.

Thomas prahlte mit seinen Schätzen und rieb uns ständig unter die Nase, was für einen tollen Urlaub er irgendwo am anderen Ende der Welt verbracht hatte, während er über uns Loser auf dem Campingplatz spottete. Doch als uns seine Show zu langweilen begann, ereilte ihn das Schicksal jedes Angebers. Er wurde von fast allen ausgeschlossen.

Wie auf dem Planeten, den der kleine Prinz besucht, bewundert sich der Eitle im Spiegel meist allein.

Eitelkeit macht einsam. Bescheidenheit aber erregt Bewunderung und Respekt für die Arbeit, die der Betreffende in seine Leistung gesteckt hat.

Denken Sie nur an all die Stars und Sternchen, die von einer Talkshow zur nächsten tingeln und außer einer schönen Fassade nichts zu bieten haben. Sie blitzen kurz auf wie die Sternschnuppen, von denen keine Spur am Himmel zurückbleibt.

Niemand lässt sich von eitlen Menschen blenden, hinter deren Aufgeblasenheit sich nichts verbirgt. So wie der kleine Prinz, das Kind in uns, sich vom Angeber weder beeindrucken noch umgarnen lässt.

Üben wir uns lieber Tag für Tag in Bescheidenheit, in allem, was wir tun. Dann kann sich unser Wesen so wunderbar entfalten, dass andere Menschen die Nähe zu uns suchen.

DAS REISETAGEBUCH

Nur wenn Sie bescheiden bleiben,
erlangen Sie wahre Größe.

MEIN KLEINER PRINZ HAT MIR INS OHR GEFLÜSTERT

Wenn man sich einbildet,
jemand zu sein,
bleibt man ein Niemand.

NEUGIERIG SEIN, FORSCHEN UND ÜBER ALLES STAUNEN

WIE DER KLEINE PRINZ

Die Welt und ihre Schätze kann man nur allein entdecken, ob es sich nun um flüchtige Dinge handelt oder um wesentliche.

Wenn ich an meine Kindheit zurückdenke, sehe ich etwas, das ich mit vielen anderen gemein habe, auch mit Ihnen, aber grundsätzlich mit jedem Kind: den Wunsch zu wissen, etwas zu entdecken, es anzufassen, zu untersuchen. Kurz und gut: Neugierde. Wie sie auch dem kleinen Prinzen eigen ist, der fragt und fragt und so Wissen erwirbt:

»Wenn ein Schaf Sträucher frisst, frisst es dann auch Blumen?«

»Ein Schaf frisst alles, was es findet.«

»Selbst Blumen mit Dornen?«

»Ja. Auch Blumen mit Dornen.«

»Aber was nützen die Dornen denn dann?«

Sind wir auch heute noch so voll der Neugier auf die Welt, die uns umgibt?

Der Alltag, die Arbeit, die Verpflichtungen, die Freunde, die Familie, die Kollegen – all das nimmt in unserem Leben einen bestimmten Platz ein …

Haben wir da noch genug Zeit, um jeden Tag unbekümmert neugierig zu sein?

Vor allem aber: Nehmen wir uns genug Zeit, um zu entdecken, unsere Interessen zu pflegen und zu staunen über eine Bekanntschaft, ein Wort, einen Duft, eine Farbe oder generell über alles, was völlig neu für uns ist?

Unsere Zeitfresser-Gewohnheiten füllen jede Stunde aus, auch wenn wir unser Timing, unseren Zeitplan optimiert haben … unsere Lebenszeit. Doch das haben wir ja auch nur getan, damit sich auf Zehenspitzen eine neue Gewohnheit einschleicht, ein neuer Zwang, eine weitere öde Aufgabe, die wir uns aufhalsen. Statt uns Raum zum Träumen zu lassen, damit unsere Neugier atmen kann.

Über unseren Köpfen ziehen die Wolken, doch wir nehmen sie nicht mehr wahr.

Jeden Abend kehren die Bienen in ihren Bienenstock zurück und gehen schlafen. Wir finden es völlig normal, dass die Erde trotz allem, was wir Menschen ihr antun, ihren ewigen Tanz unter den Sternen vollführt, ohne je ins Stolpern zu geraten.

Alles ist normal, wird hingenommen, nichts erscheint uns mehr außergewöhnlich. Dabei ist jeder Tag atemberaubend und magisch, weil sich Blüten öffnen, weil sich der Tau mit unendlicher Zärtlichkeit auf die Blätter legt. Wenn wir nur einmal den Blick vom Bildschirm abwenden und uns eine Sekunde Zeit nehmen würden, um unseren Kaffee am Fenster zu trinken und in die wundervolle Welt hinauszublicken, die jeden Tag neu entsteht. Denn der Bildschirm, der kleine Kasten mit seinen Pixeln, zeigt uns doch häufig nur die schlimmsten Bilder von dieser Welt, von all dem, was der Mensch anrichtet.

Dabei ist es so einfach, den Vorhang wegzuziehen und das Fenster weit aufzustoßen. Auch wenn nicht jedes Panorama vollkommen ist, auch wenn sich der grenzenlose, blaue Himmel, die majestätische Bergkette nicht vergleichen lässt mit dem Häuserblock aus Beton mitten in der Stadt. Aber auch dies ist ein Geschenk, das uns die Welt jeden Tag bietet, denn die Sonne geht für jeden von uns auf.

Der kleine Prinz betrachtet aufmerksam jeden einzelnen Sonnenuntergang. Und weil er auf seinem kleinen Planeten seinen Stuhl immer ein bisschen weiterrückt, hat er an einem einzigen Tag vierundvierzig Sonnenuntergänge gesehen …

Wie er die Schönheit der Welt zu sehen, ohne sie kommentieren, festhalten oder erklären zu müssen. Sie einfach nur immer wieder zu erkennen und sich nach Möglichkeit daran zu erfreuen, ja darin einzutauchen …

Sind wir zu diesem kleinen Schritt noch fähig? Sind wir noch in der Lage, dem kleinen Prinzen im Allerheiligsten unserer Gedanken zuzulächeln?

Sind wir fähig, ihn an der Hand zu nehmen, nicht um ihn zu leiten, sondern um uns von ihm ins Morgen führen zu lassen?

Die Sonne ... die Sonnenfarbe, so nannte ich als Kind die Farbe Gelb. Das brachte die Lehrerin zum Lächeln, und sie erzählte es meinen Eltern.

Die Sonnenfarbe, davon war ich nicht abzubringen.

Niemand hätte mich je vom Gegenteil überzeugt.

Noch heute hallt das Wort in meinen Gedanken wider und die Farbe »Gelb« gibt es für mich nicht.

»Suche deine Sonne, suche deine Sonnenfarbe«, das hat mir mein kleiner Prinz ins Ohr geflüstert ...

Ich schreibe diese Zeilen am Meeresufer, fast vierzig Jahre später.

Und wie damals gibt es auch heute noch kein Gelb. Es gibt nur die Sonne und ihre Farbe. Die Wege von damals haben mich hierher geführt.

DAS REISETAGEBUCH

Die Welt erstrahlt,
wenn du sie zu betrachten weißt.

UND MEIN KLEINER PRINZ HAT MIR INS OHR GEFLÜSTERT

Ich mag am liebsten alles,
was keinen offenkundigen
Daseinsgrund hat.

Den Reichtum schätzen, den man innehat

Wie der Kleine Prinz

Den Reichtum schätzen, den man innehat, statt jenem nachzulaufen, den man besitzen kann?

Für den aufgeklärten Erwachsenen liegen die Dinge allem Anschein nach einfach. Man argumentiert von einem philosophischen Standpunkt aus: »Was wir besitzen, macht uns besessen.« Oder: »Innerer Reichtum ist alles, was zählt.« Und: »Wer sich mit wenigem zufrieden gibt, ist reich an allem.«

Klingt so weit gut. Man versteht das Prinzip. Man lernt es auswendig und gibt es genauso wieder. Aber leben wir auch danach? Wenden wir dieses Prinzip auch in unserem Dasein an, Tag für Tag? Und lässt es sich angesichts unserer menschlichen Natur überhaupt umsetzen?

Ich möchte diesen Fragen hier nicht nachgehen, denn diese Debatte führen Denker, Philosophen, Prediger und Religionen schon seit Jahrhunderten.

Hier geht es einzig darum, wie der kleine Prinz diese Dinge sehen würde. Darum, was wir als Kinder als Reichtum betrachteten.

Erinnern Sie sich noch an Ihre Schätze aus Kindertagen? Das Säckchen mit Murmeln, das Sie in den Pausen auf dem Schulhof wieder ein bisschen zu füllen versuchten? An den Tauschhandel, der da getrieben wurde, zum Beispiel mit Pokémon- oder Fußballerkarten?

Kinder lieben es, Schätze anzuhäufen. Doch im Gegensatz zu den Erwachsenen, die wir später geworden sind, gibt es da einen Unterschied: Sie sammeln nur solche Reichtümer, die in ihren Augen, nicht in denen der Welt, wertvoll sind.

Oft werden Kinder, aber auch Erwachsene neidisch, wenn sie bei ihren Freunden etwas sehen, was die haben und sie nicht. Doch nach einiger Überlegung ist dieser Neid meist schnell wieder verflogen. Abgesehen von solchen wiederkehrenden Anwandlungen (die wirklich den Ausnahmefall darstellen), lieben Kinder einfach, was sie haben. Sie halten ihre Schätze in Ehren und sind damit für gewöhnlich zufrieden, denn diese Schätze wurden sorgfältig ausgesucht, gepflegt und über lange Zeit zusammengetragen. Aus reiner Freude daran, nicht aus der »Pflicht« heraus, etwas besitzen zu müssen.

»Es ist gut für meine Vulkane und meine Blume, dass ich sie besitze«, sagt der kleine Prinz. So empfindet er das, so lebt er es. Deshalb machen seine Schätze ihn glücklich, weil sie nützlich sind und weil er ihnen – in seinen Augen – ebenfalls nützlich ist.

Waren Sie früher nicht glücklich mit dem, was Sie hatten? Auch wenn es wenig war? Meistens doch, oder? Denn Ihre Reichtümer haben Sie glücklich gemacht.

In diesem Sinne waren wir reich, weil unser Schatz unserem Lebensglück dienlich war.

Als Kinder waren wir reich an Schätzen, weil wir besaßen, was wir liebten.

Was hätte es uns genützt, ständig noch mehr anzusammeln? Dinge, die wir für unser Glück, unsere Freude nicht brauchten. Seltsamerweise aber ist eben das der Weg, den wir später eingeschlagen haben. Als wir angefangen haben, Objekte anzusammeln, um »dazuzugehören«, um uns »abzuheben«, um den neuesten Trend nicht zu verpassen. Kurz gesagt: Als wir alles taten, was die Mode und die Gesellschaft uns diktiert haben, damit wir den Anforderungen und Vorgaben unserer Zeit gerecht wurden. Flüchtige Reichtümer ohne wahren Wert, die absolut nichts mit unseren innigsten Wünschen zu tun hatten und auch nichts mit den Schätzen, die wir als Kinder unterm Kopfkissen aufbewahrten.

Und wenn ... einmal mehr möchte ich die Möglichkeiten unter die Lupe nehmen, die der kleine Prinz, der schließlich in jedem von uns schlummert, uns offeriert.

Und wenn ... Und wenn wir unsere Schränke durchstöberten und all unsere Besitztümer auf einem Tisch anhäuften? Was davon würden wir behalten wollen? Ganz ehrlich? Wie viele von diesen Sachen tragen wirklich zu unserem Glück bei? Wie viele dienen unserer Lebensfreude?

Eine solche Entscheidung fällt uns leichter, wenn ein Umzug ansteht. Jedenfalls ging das mir so, als ich vor einigen Monaten eine neue Wohnung bezog und für diesen Neuanfang mehr Müllsäcke füllte als Kartons.

Wenn wir unsere Reichtümer mit den Augen eines Kindes betrachten, dann behalten wir zweifellos nur das, was wir in diesem Moment lieben. Mehr nicht.

Müssen wir wie der kleine Prinz die Gründe abwägen, weshalb wir etwas lieben? Weshalb wir es bei uns behalten wollen?

Wenn unsere Reichtümer nicht unserem Glück dienen und wenn wir ihnen nicht nützlich sein können, dann sind sie – aus dem Blickwinkel des Kindes – nutzlos.

DAS REISETAGEBUCH

Den Reichtum schätzen, den man innehat,
heißt, reich an Dingen zu sein,
die man liebt. Um am Ende reich zu sein
an dem, was man ist.

UND MEIN KLEINER PRINZ
HAT MIR INS OHR GEFLÜSTERT

Das Fragezeichen ist ein Zweifel.
Und seine äußere Form gleicht
einem halben Herzen.

Seine Arbeit lieben und sich genau deshalb nützlich fühlen

Wie der Kleine Prinz

»Du bist auf ewig verantwortlich für alles,

was du gezähmt hast.

Für deine Rose zum Beispiel.«

Wenn jede Lebensgeschichte eine Sage ist, die Kapitel für Kapitel geschrieben wird, so führen wir den Stift, der diese Geschichte schreibt, in unseren ersten Jahren nicht allein. Vom Säugling bis zum Kleinkind, das seine ersten Schritte tut, sind es unsere Eltern, Lehrer und unser ganzes Umfeld, die uns erste Orientierung geben, unsere frühen Vorlieben beeinflussen und unsere ersten Entdeckungen.

Die ersten Bände unserer Lebensgeschichte füllen sich mit Erfahrungen und einem Wissen, die nicht unserer Wahl entsprungen sind. Man hat uns in diese Richtung gelenkt, damit wir damit vertraut werden, sie ausprobieren können.

Je vielfältiger und facettenreicher diese Erfahrungen sich gestalten, desto reicher und bunter ist der Schatz der Optionen, die wir später einmal haben.

Zu glauben, dass wir eine Wahl haben, obwohl wir etwas nicht kennen, obwohl wir nicht offen für die verschiedensten Wege sind, ist eine Illusion. Ohne

Wissen gibt es nun einmal keine Möglichkeit der Wahl. Dann müssen wir dem vorgezeichneten Kurs folgen. Wir entscheiden uns ohne zu fragen für den Weg, den wir im Laufe der Jahre als den vielleicht einzigen kennengelernt haben.

Das Kind, das wir in dieser Phase unserer Entwicklung sind, ist größtenteils die Summe der Erfahrungen, mit denen es konfrontiert wurde.

Wenn sich der Geist später nicht weiter entfalten kann, werden wohl die meisten von uns ganz automatisch den Beruf erlernen, der in dem uns vorgezeichneten Universum möglich erscheint. Der Erwachsene wird jenen Beruf ausüben, für den er im ersten Kapitel seiner Lebenssaga geprägt wurde.

Und so werden Lehrer, Ärzte, Anwälte, Seeleute, Maurer oft schon im Schoß der Familie herangebildet, einfach weil sie entsprechenden Einflüssen ausgesetzt sind.

Und doch kennt wohl jedes Kind, jeder Jugendliche diesen Moment, da wir unser Leben selbst in die Hand nehmen, uns von äußeren Einflüssen freimachen und anfangen, unsere Lebensgeschichte selbst zu schreiben.

Dann kommt es nicht selten zu Konflikten und Spannungen zwischen dem Weg, auf den man uns geschoben hat, und jenem, von dem wir uns angezogen fühlen. Und doch folgen wir häufig weiter dem Pfad der Gewohnheit, weil wir das, was uns anzieht, nicht wirklich kennen, ja sogar fürchten. Es fehlt uns an Selbstvertrauen, an Unterstützung, und so katapultiert uns das Leben in eine Welt, in einen Beruf, für den wir – dem äußeren Anschein zum Trotz – nicht wirklich geschaffen sind.

Kennen Sie diese Situation? Ist das vielleicht sogar die Realität, die Sie im Moment erleben? Sie verfügen über Fachwissen, üben einen Beruf aus, für den Sie prädestiniert scheinen, und fühlen sich trotz allem nicht am richtigen Platz? Sind in Ihrer Umgebung ein Fremdkörper geblieben?

Was kann man da schon tun? Ja, was tun, wenn Sie sich zwischendrin an Ihre Träume erinnern, an Wünsche, die Sie vielleicht vor langer Zeit Ihrem Tagebuch anvertraut haben? Geheime Träume von Kunst, von großen Festessen, von einer Existenz als Tierarzt, als große Reisende, als Architekt, als Entdecker ... Während Ihr Leben heute von dem Druck bestimmt wird, die Buchhaltung für Ihre Praxis oder Ihre Kanzlei abzuschließen.

Bin ich am richtigen Ort? Liebe ich meine Arbeit? Diese Frage wird, kaum hat sie vorwitzig die Nasenspitze vorgestreckt, nicht mehr verstummen. Sie wird uns ständig im Kopf herumtanzen. Und wir wissen, dass wir eine Antwort finden müssen. Das kann einige Zeit erfordern, Jahre mitunter. Weil wir alles infrage stellen müssen, was wir bislang getan haben, um unseren Weg gehen zu können.

Sollen wir auf die Midlife-Crisis warten, die mit 40 oder 50 zuschlägt und so typisch ist für diesen Moment, der uns so unvermittelt das Steuer unseres

Lebens herumreißen lässt? Oder sollen wir vielleicht die ersten Seiten aus dem Kapitel »Jugend« noch einmal lesen, die wir geschrieben haben, als der kleine Prinz in uns noch eine Stimme hatte?

Jene Seiten, auf denen wir einen Beruf entwarfen, der uns mit Leidenschaft erfüllte, bei dem wir uns nützlich fühlten ... Nützlich für uns und für andere ... Der kleine Prinz, der wir damals waren, wusste die Person zu schätzen, die er in seinen Träumen sein wollte. Denn in seinen Träumen überlagerte diese Persönlichkeit jene, die uns vorgezeichnet war.

Und wenn wir nun die Träume von damals, das Kind von damals zu neuem Leben erweckten? »Das ist doch Unsinn«, denken sich jetzt vermutlich einige meiner Leser. Vielleicht ... Um sich der Gegenwart zu versichern, des Heute, aber nicht der Zukunft.

Unsere Kindheitsträume kommen ja nicht einfach aus dem Nichts. Wir haben sie gesponnen, wir hängen an ihnen, wir haben sie kultiviert, nicht als Träume, sondern als intuitive Wahrnehmung des

Platzes, den wir in dieser Welt einnehmen wollen und werden, eines Ortes, der sich vor unseren Augen öffnete wie ein kleines Paradies.

Es ist nie zu spät, um etwas zu ändern und infrage zu stellen, so wie unser kleiner Prinz nicht aufhört, uns ins Ohr zu flüstern, wenn das Leben, das wir jetzt führen, uns seufzen lässt. Er sagt uns, dass wir uns getäuscht haben und unser Glück woanders finden werden. Dass es das genaue Gegenteil dessen ist, was wir im Moment leben, aber vollkommen harmoniert mit den ersten, von uns als Kindern selbst geschriebenen Kapiteln unserer Lebensgeschichte.

Wenn Sie dieses Unbehagen kennen, versuchen Sie, sich zu erinnern ... Und fragen Sie Ihren kleinen Prinzen, was er sich damals wirklich gewünscht hat.

Er allein weiß es. Stellen Sie sich vor, Sie hören ihm zu.

DAS REISETAGEBUCH

Gestehen Sie sich in dem,
was Sie tun, Freiheit zu.
Freiheit heißt, das zu tun,
was Sie lieben.

UND MEIN KLEINER PRINZ HAT MIR INS OHR GEFLÜSTERT

Wenn jemand dir sagt, dass etwas unmöglich ist, mach dir klar, dass er von seinen Grenzen spricht, nicht von den deinen.

Eine Spur hinterlassen

Wie der kleine Prinz

»Schreibt mir sofort, wenn er wieder zurück ist ...«, legt Antoine de Saint-Exupéry uns ans Herz. Seine Worte am Ende des Buches klingen lange nach, weil er in Wirklichkeit doch nie fort gewesen ist.

Der kleine Prinz, den wir in uns tragen, ist immer da, unser ganzes Leben lang.

Man kann ihn vergessen, manchmal schläft er, aber er verlässt uns nie.

Diese kindliche Seite zu bewahren, die wir tief in uns tragen, ist die eigentliche Schwierigkeit, wenn wir uns zuerst heranwachsen, dann alt werden »sehen«. Aber in all den Jahren, die sich vor uns erstrecken, tun wir doch nichts anderes, als uns zu sehen.

Man muss genau hinsehen, um zu akzeptieren, dass dieses Kind von damals uns stets begleitet. Ein wenig Demut angesichts des Erwachsenen, den wir uns zurechtgebastelt haben.

Der Stolz, erwachsen zu sein und vernünftig, diese Großsprecherei der erwachsenen Seele, welche das

Kind verbannen möchte in die verschwommenen Erinnerungen eines Wesens mit verkümmerter Großhirnrinde, das nur Stückwerk ist. Dabei ist es genau dieses Kind mit den dünnen Ärmchen, das die Person trägt, die wir geworden sind.

Ego, Ego, ich höre dich. Ein bisschen Demut, wie gesagt, angesichts der Geistesgröße, die dieses Kind entwickelt hat, damit daraus der Erwachsene werden konnte, der wir heute sind. Wir verdanken ihm alles: Was wir sind, was wir denken, was wir immer noch erträumen. Einfach alles.

Was wären wir ohne dieses Kind?

Wer wären Sie?

Der kleine Prinz, der wir waren, hat in dem Menschen von heute eine tiefe Spur hinterlassen, auch wenn wir manchmal Schwierigkeiten haben, uns das einzugestehen, weil wir uns einbilden, wir hätten alles selbst errichtet auf dem Fundament der Vernunft: die Kulisse, die Neigungen, die ganze Funktionalität unseres Lebens.

Eine Spur zu hinterlassen, die Spur dieses offenen, verträumten und optimistischen Kindes, das wir einst waren. Das ist das größte Geschenk, das der kleine Prinz uns heute noch machen kann, wenn wir uns im Dschungel des Lebens verirrt haben, ohne Ausweg, wenn kein einziger Sonnenstrahl mehr zu uns durchdringt. Nur der kleine Prinz in uns gibt uns die Kraft, wieder aufzustehen, wenn das Leben uns in die Knie zwingt.

Aus dieser lebendigen Quelle heraus, aus der Spur, die er in den Falten unserer Seele hinterlassen hat, können wir in jedem Moment unseres Daseins wiedergeboren werden und dürfen daher hoffen.

Wenn wir die Zerbrechlichkeit unserer Erwachsenenexistenz betrachten, die jederzeit das Gebäude unseres Lebens zum Einsturz bringen kann, dann können wir dem kleinen Prinzen nur dankbar sein, weil er uns nie hat fallen lassen, auch wenn wir nie wussten, bei welchem Namen wir ihn nennen sollten.

Ja, er war es, der Ihnen vor langer Zeit die Kraft gegeben hat, wieder aufzustehen. Er, das heißt Sie, höchstpersönlich.

Was bleibt jetzt von ihm am Ende des Weges, wo wir immer älter werden? Die immer größer werdende Lust, nun unsererseits eine Spur zu hinterlassen, durch unsere Projekte, unsere Erfolge, unsere Kinder.

Vielleicht liegt es ja daran, dass wir akzeptiert haben, wieder zum kleinen Prinzen zu werden, ihm unseren Geist zu öffnen, dass der Wunsch, eine Spur zu hinterlassen, nun übermächtig wird …? Ich weiß es nicht.

Eine Spur zu hinterlassen, von sich, von dem, was man in die Welt gebracht hat, wird plötzlich vordringlich. Nicht unbedingt für die Nachwelt, sondern einfach nur, um nicht vergessen zu werden, um das Gefühl zu haben, auf der Welt gewesen zu sein.

Der Moment, sich narzisstisch den Spiegel vorzuhalten, ist gekommen: Warum schreibt jemand eigentlich? Natürlich um eine Spur zu hinterlassen, aber nicht für die Nachwelt, sondern für das Heute.

Für das Morgen zu schreiben heißt sterben.

Eine Spur zu hinterlassen, durch mein Tun, meine Worte, meine Beziehungen, meine Bücher ... für andere. Viele Schriftsteller, deren Bücher ich im Laufe der Zeit verschlungen habe, sind mir Freunde geworden, Mitbewohner, Kameraden in durchwachten Nächten ... Viele haben mir sehr geholfen.

Wie sie erhoffe ich schon seit Jahren, schon seit meinen ersten Schreibversuchen, was sich wie folgt zusammenfassen lässt: »Wenn ich wenigstens einem Menschen damit helfen kann ... habe ich schon gewonnen.«

Wenn ich die Dankesschreiben lese, die ich immer wieder erhalte, macht mein kleiner Prinz mir – in Gestalt meiner Leser – ein Geschenk, das weit über das Versprechen hinausreicht, das er mir gab, als ich als Fünftklässler meine erste illustrierte Geschichte schrieb mit dem Titel »Der Schlüssel der Träume«.

Am Ende sind nicht wir es, die eine Spur hinterlassen, sondern allenfalls – sofern wir auf ihn gehört haben – der kleine Prinz, der wir einst waren.

DAS REISETAGEBUCH

Wir werden nur das,
was wir immer schon waren.
Und eben das lassen wir auch zurück.

UND MEIN KLEINER PRINZ HAT MIR INS OHR GEFLÜSTERT

Ego, Ego … Wir sind ganz Ego.
Und uns darin alle gleich.

Für andere da sein

Wie der kleine Prinz

»Das ist mein Geheimnis.

Es ist im Grunde sehr einfach:

Nur mit dem Herzen sieht man gut.

Für das wirklich Wichtige sind die Augen blind.«

In diesem Kapitel wirkt der kleine Prinz wie die kindliche Seele des Erzählers.

Er versucht, seine erwachsenen Zeitgenossen mit seiner Zeichnung immer noch davon zu überzeugen, dass es auch in unserem rationalen, prosaischen, fantasielosen Erwachsenenleben Raum für den Zauber gibt.

Unglücklicherweise lautet die Antwort des Erzählers immer noch gleich, und der Test geht schief.

Er hätte so gerne Gespräche von einem kleinen Prinzen zum anderen geführt ... Aber das ist einfach unmöglich, weil seine Mitmenschen mit zunehmendem Alter den kleinen Prinzen in sich mundtot gemacht haben. Der Erzähler verurteilt das nicht, sondern konstatiert einfach nur die – mitunter traurige – Tatsache, dass er nur ein Erwachsener ist. Und nur Erwachsenengespräche führen kann.

Haben Sie nie die Blutgrätsche jener Menschen erfahren, die unsere Träume zertreten, die uns auslachen, wenn wir ihnen von unserem Lebenstraum erzählen? Von den Wünschen, die Ihr kleiner Prinz hegt, die sich in Ihrer Fantasiewelt tummeln, um dann in Ihren Träumen zu erstrahlen?

Die Sie teilen wollten mit Angehörigen, mit Freunden, nur um sie Augenblicke später zerschmettert auf der Erde zu sehen, kleingeredet von all jenen, die ihnen die Flügel gestutzt haben, weil es solchen Leuten an Fantasie fehlte? Ein schlimmer, verletzender Augenblick, der uns tief berührt hat. Ein schwieriger Moment, eben weil wir uns so offen, so ehrlich, so ungefiltert und daher schutzlos gezeigt haben.

Diese Erfahrung noch einmal zu machen wird nicht einfach, denn wir wurden ja nicht nur missverstanden. Solche bissigen Kommentare lassen uns auch keine andere Wahl: Entweder wir rechtfertigen uns oder wir akzeptieren, als Spinner dazustehen. Oder wir reihen uns wieder ein in die wohlgesittete Gedankenwelt der Erwachsenen und vergessen den Elan unseres kleinen Prinzen, das Echo der Stimme unserer Kinderseele.

Doch es gibt noch einen anderen Weg, und vieles, was wir aus dieser unglückseligen Erfahrung lernen können ...

Nämlich unsere Kinderseele eben nicht zum Schweigen zu bringen und immer ein offenes Ohr für unsere Fantasie zu haben.

Den kleinen Prinzen in uns zu kultivieren, um uns ständig erneuern zu können, um zu staunen und uns zu wundern und diese Frische im Leben zu bewahren.

Die Wünsche unseres kleinen Prinzen nur mit jenen zu teilen, die ihm über die Jahre Gehör geschenkt haben. Um sich nicht vom alltäglichen Zynismus der Miesmacher verletzen zu lassen, dem wir gleichwohl etwas entgegensetzen können.

Verurteilen Sie diese Menschen nicht, die jede Freude im Keim ersticken, die so durch und durch ernst sind, so stolz auf ihr Wissen und ihren Hochmut, denn sie haben auf ihrem Lebensweg das verloren, was am kostbarsten war. Indem sie ihrem kleinen Prinzen den Rücken zukehrten, haben sie gleichzeitig ihre Lebensfreude eingebüßt.

Es ist doch ersprießlicher, diese Menschen mit unserem Lächeln und unseren Träumen dazu anzuregen, die Verbindung mit der leisen Stimme jenes Kindes zu suchen, das sie so tief in sich vergraben haben, dass sie seine Seufzer nicht mehr hören.

Niemals wollen wir zu jenen Menschen gehören, die Träume unter ihrem Stiefelabsatz zertreten, denn damit verdammen wir nicht nur die Wünsche und Träume der anderen, sondern bringen auch unseren kleinen Prinzen zum Schweigen und ersticken seine Magie.

Wir dürfen uns ein Stück anpassen, aber das Kind in uns dürfen wir nicht verraten.

DAS REISETAGEBUCH

Für andere da zu sein heißt,
sich selbst gerecht zu werden.

UND MEIN KLEINER PRINZ HAT MIR INS OHR GEFLÜSTERT

Der Mensch ist ein weises Kind,
das Kind ist ein weiser Mensch.

Bande knüpfen

Wie der kleine Prinz

»Das ist viel zu sehr in Vergessenheit geraten«, sagte der Fuchs. »Es heißt: Bande knüpfen.«

Wenn es etwas gibt, das Kindheit und Erwachsensein verbindet, so ist dies das Gefühl der Einsamkeit. Es kann einer realen Situation entspringen oder – vor allem in späteren Jahren – eine Empfindung sein, die man hat, obwohl man von vielen Menschen umgeben ist.

Durch die ganze Geschichte zieht sich die Suche des kleinen Prinzen nach Freunden, vor allem nach Menschen, die ihn verstehen und seelenverwandt sind.

Nicht den Trinker, nicht den Geschäftsmann … Er sucht vielmehr weiter nach einem Freund, mit dem er sein Leben teilen kann.

Der Fuchs weiht ihn darin ein, was es heißt, jemanden zu zähmen, sich ihm Schritt für Schritt zu nähern, sodass ein Band entstehen kann, das man in jedem Augenblick teilt.

Es ist immer wieder erstaunlich zu beobachten, wie schnell Kinder, die sich nicht kennen, ganz spontan aufeinander zugehen, um Kontakt zu knüpfen. Wie sie sich schrittweise kennenlernen.

Jeder kennt diese Situation: Sie sind bei Freunden zum Essen eingeladen. Ihre Kinder und die Ihrer Freunde sind einander noch nie begegnet. Während die Erwachsenen zusammensitzen, werden die Kinder zum Spielen in ein anderes Zimmer geschickt. Anfangs sind sie noch schüchtern … Aber höchstens für eine Viertelstunde! Und wenn man gehen möchte, ist es kaum möglich, sie wieder voneinander loszueisen.

Das ist die Magie der Kindheit, die keinen Code kennt, keine Grenzen, und die den Mut verleiht, den ersten Schritt zu tun, um sich gegenseitig binnen Kurzem zu zähmen.

Erwachsenen fällt das viel schwerer, angesichts all jener Mauern und Blockaden, all jener Benimmregeln und sozialen Ängste, die wir uns antun, nicht einfach nur um uns, sondern vor allem das Image, das wir von uns aufgebaut haben, zu schützen … Wie viel komplizierter ist all das doch bei drei Erwachsenen, die sich in einem Raum befinden und sich nicht kennen: innerhalb weniger Minuten einen Kontakt zu knüpfen, ehrlich seine Erfahrungen miteinander zu teilen, sich furchtlos dem anderen zu öffnen und herzlich miteinander zu lachen. Höflichkeiten und Oberflächlichkeiten, mehr können wir hier nicht erwarten.

Es ist wirklich bedauerlich, dass wir so viel von jener Spontaneität eingebüßt haben, diesem unverkrampften Zugehen auf andere, um echte Bande zu knüpfen ... Dabei ist uns das als Kindern so leicht gefallen.

Was ist da nur geschehen?

Jahr für Jahr verkriechen wir uns mehr in unserer kleinen Welt, unserem kleinen Leben, um nur ja die Pforte zu unserem Universum nicht öffnen zu müssen für den Unbekannten, solange nicht alle Kästchen auf unserer Checkliste mit Häkchen versehen, alle Garantien gegeben wurden.

Wir alle sind heute sehr lange sehr allein. Allein in unserem Leben.

Und doch hört der kleine Prinz nicht auf, an die Tür unseres Bewusstseins zu klopfen, sobald sich eine Gelegenheit ergibt, und uns ins Ohr zu flüstern: »Los, mach schon!«

Ergreif die Gelegenheit beim Schopf, um Himmels willen! Worauf wartest du nur?

Angst? Scham? Wehrlosigkeit? Hilflosigkeit?

Wie begegnen wir nun solchen Augenblicken?

Man könnte fast meinen, dass wir beim Erwachsenwerden verloren haben, was die Essenz des menschlichen Daseins ausmacht, seinen Lebenssinn: die Fähigkeit zum Austausch, zur Verbundenheit, die sich in kürzester Zeit einstellt. Wie damals auf dem Schulhof, als uns das noch leichtfiel.

Wie wäre es, wenn wir bei der nächsten Einladung, beim nächsten Kneipenbesuch einmal versuchten, diese Kindheitserfahrung zu wiederholen? Indem wir uns offen zeigen für jede Begegnung, jede Diskussion. Indem wir selbst auf andere zugehen, den ersten Kontakt wagen. Ja, das erfordert von uns, dass wir uns über unsere Grenzen hinauswagen und bestimmte Verbote missachten, die wir uns selbst auferlegt haben ... meist aus Angst. Angst vor Zurückweisung, Angst, plötzlich nackt dazustehen. Aber wie wollen Sie Bande zu anderen Menschen knüpfen, wenn Sie keinerlei Risiko eingehen, wenn Sie anderen nicht ebenso vertrauen wie sich selbst und das Gespräch aufnehmen, vielleicht sogar ein nächstes Treffen vereinbaren?

Es ist doch nur ein Kinderspiel. Ein Spiel wie für die spielenden Kinder in jenem Zimmer – aus dem wir lachend, entzückt, voller Freude herauskommen. Wir wollen gar nicht mehr gehen und hoffen sehr, diesen Menschen wiederzusehen, um wie der Fuchs und der kleine Prinz Bande zu knüpfen, die unvergänglich sind.

Das Reisetagebuch

Die Bande, die wir knüpfen,
machen unseren Lebenssinn aus.

UND MEIN KLEINER PRINZ HAT MIR INS OHR GEFLÜSTERT

Jeder Mensch ist ein Bindeglied
zwischen Himmel und Erde
und zwischen allen Menschen.

Sich Zeit zum Leben nehmen

wie der kleine Prinz

Muße, Unbeschwertheit, Spiel ... In der Kindheit vergessen wir die Zeit, wenn wir Spaß haben. Wir nehmen uns alle Zeit der Welt, um das zu tun, was wir gerne machen.

Erinnern Sie sich noch, wie es war, zum Abendessen gerufen zu werden, während Sie gerade in Ihrem Zimmer zwischen Ihren Spielsachen eine wunderbare Geschichte erlebten ... Und aus diesem Abenteuer riss Sie ein plötzlicher und immer lauterer Ruf aus der Küche, endlich zum Essen zu kommen. Dabei wäre die Geschichte doch gleich zu Ende gewesen, der Held heimgekehrt in sein Schloss.

Aber die Rufe hörten nicht auf. Sie mussten gehorchen und wieder eintauchen in die fest reglementierte Zeit der Erwachsenen, für eine Mahlzeit, die nicht eine Minute länger warten konnte.

Sich Zeit nehmen können für das Leben ist das natürliche Vorrecht der Kinder. Für die Erwachsenen, die alle möglichen Formen der Konditionierung durchlaufen haben, ist Zeit ein Rohstoff, der sich als nützlich erweisen muss, als rentabel und produktiv.

Alle Erwachsenen unterwerfen sich dieser getakteten Zeit, die sie geschaffen haben. Sie werden zu ihren Gefangenen, ja ihren Sklaven.

Gibt es da nicht diese Pille, die den Durst verringert, damit man mehr Zeit »gewinnt«? Sie ist nicht seltsamer als die vielen anderen Erfindungen oder Apps auf unserem Smartphone, deren einziger Sinn und Zweck es ist – wie der dieser Pille – uns Zeit zu »sparen« und kostbare Minuten zu »gewinnen«. Zeit, die man dann mit anderen Aktivitäten füllt ... immer mehr gesparte Minuten und Sekunden, die man in immer noch kleinere Abschnitte unterteilt für immer noch mehr Produktivität.

Wir komprimieren die Zeit, unsere Wochen und Tage. Wir verdichten hyperaktiv unseren Stundenplan ... Nur wozu eigentlich? Was versteckt sich hinter dieser zeitlichen Magersucht? Dass wir uns keinen Augenblick mehr für uns selbst gönnen können, für unsere Freunde, unser Vergnügen?

Sich Zeit zum Leben zu nehmen, das vergessen Erwachsene gerne. Sogar in den Ferien, wenn wir versuchen, die Tage der Ruhe und des Dolcefarniente bis auf die letzte Minute auszufüllen: Wir gehen laufen, kaum sind unsere Muskeln erwacht. (Bloß nicht vergessen, den Wecker zu stellen!) Wir essen eine Kleinigkeit, dann stellen wir uns in der prallen Sonne am Strandbad an oder quetschen uns in die Schlange, die sich durch die Sixtinische Kapelle schiebt, um ein winziges Bild an der Decke zu betrachten – aber nur kurz, denn von hinten werden Sie schon wieder weitergeschoben. Und danach geht es gleich weiter mit dem dichten Stundenplan: ein Spaziergang hier, eine Wanderung dort. Kurz bevor wir abends zum Töpferkurs gehen oder zur Salsa Night.

Man muss seine Zeit schließlich nutzen. Bis zum letzten Rest.

Aber wie wollen wir unsere Zeit nutzen, wenn wir nur von einer Aktivität zur nächsten eilen und unser ohnehin schon bis zum Platzen angefülltes Leben weiter vollstopfen?

Wie erging es Ihnen im ersten Corona-Lockdown? Angesichts der Nervosität und Tatenlosigkeit der ersten Tage, als wir nicht mal die Hälfte dessen machen konnten, was wir geplant hatten …

Nach ein paar Tagen der Untätigkeit haben wir die Zeit wieder ausgefüllt, mit Kochen hier, mit Frühjahrsputz da. Wir haben die Wohnung umgeräumt, mit den Kindern gespielt. Aber was kam danach, als alle Steckdosen mit Wattestäbchen geputzt waren und wir eine Überdosis Fernsehserien verarbeiten mussten? Was ist passiert, nachdem wir die Liste der möglichen »Beschäftigungen« abgearbeitet hatten? Nicht wenige entwickelten Depressionen, andere haben angefangen zu lesen. Aber auf die ein oder andere Weise, ob nun gezwungenermaßen oder nicht, haben wir die Situation akzeptiert. Um in diesen

Wochen des Eingeschlossenseins ein Leben in Zufriedenheit zu führen und sie nicht nur zu erdulden wie zuvor unseren vollen Terminkalender, mussten wir lernen, die Situation zu akzeptieren. Und uns von Neuem, Tag um Tag, die Zeit dafür nehmen, etwas in aller Ruhe zu tun.

Merkwürdigerweise hat uns das Virus, trotz aller Dramatik, auch dazu verholfen, uns wieder Zeit für das Leben zu nehmen. Der eine hat seinen Partner neu entdeckt, der andere seine Kinder und den Spaß, den man miteinander haben kann und dem man so lange keine Beachtung schenkte … aus Zeitmangel.

In diesen Wochen sind wir in gewisser Weise wieder zu Kindern geworden, wir konnten essen, spielen oder was auch immer tun, wenn uns danach war, frei von Zwängen.

Wir haben uns in dieser Zeit die Möglichkeit zurückerobert zu tun, was wir wollen, wann wir es wollen. Letztlich also die Zeit zum Leben … Vielleicht können wir uns das ja für die Zukunft merken?

Wäre es nicht besser, wir würden wie der kleine Prinz einen Spaziergang machen, um am Brunnen frisches Wasser zu trinken? Statt uns des Durstgefühls zu berauben, um Zeit zu sparen?

Und wenn wir – von nun an – diese Wochen des Lockdowns im Gedächtnis behalten würden, um hin und wieder in diese andere Zeit einzutauchen? Damit auch morgen die Tyrannei der »Produktivität« nicht mehr länger unser Leben bestimmt?

DAS REISETAGEBUCH

Die Zeit ist das, was ich daraus mache.

UND MEIN KLEINER PRINZ HAT MIR INS OHR GEFLÜSTERT

Diesen einen Fallstrick
sollten wir im Leben vermeiden:
schnell zu leben, um am Ende
schnell zu sterben.

SICH VOM URTEIL DER ANDEREN FREIMACHEN

WIE DER KLEINE PRINZ

»Und warum soll ich nicht hübsch sein?« Diese zutiefst philosophische Frage habe ich mir gestellt, als ich mich im zarten Alter von vier Jahren am Holzzaun vor dem Haus meiner Eltern festhielt und ein paar junge Leute vorbeigingen, die mir feixend an den Kopf warfen: »Du bist nicht hübsch!«

Das war die Grausamkeit jener, die mir auf dem Weg ins Erwachsensein voraus waren. Und das Unverständnis des zornigen Kindes, das am Gitter rüttelte und wie ein Kalb blökte: »Und warum soll ich nicht hübsch sein?«

Ein willkürliches Urteil vonseiten der Großen, eine grassierende Dummheit, die mit derselben Geschwindigkeit anwuchs wie die Länge ihrer Teenagerbeine. Ich begriff einfach nicht, warum man mich auf diese Weise attackierte und verurteilte. Mich, den Krümel, der nichts anderes tat, als die Welt auf der anderen Seite des Zauns zu betrachten. Die Welt derer, zu denen ich so gern gehört hätte, denen ich am liebsten hinterhergerannt wäre. So sehr, dass ich am Plastikzaun lutschte.

Das Urteil der anderen über sich, dieses Bild aus einem Zerrspiegel, das uns seit frühester Kindheit verfolgt und nicht aufhört, bis sich die Falten um die Augenwinkel eingraben. Ihm kann man nicht entkommen ... Was man auch tut, was man auch sagt, die schweren Blicke der anderen treffen uns wie das Fallbeil der Selbstüberhebung, sobald man auch nur die Fußspitze über die vorgezeichneten Linien hinausgestreckt hat. Und das selbst schon in diesem simplen Beispiel aus Kindertagen, in denen der Dreikäsehoch nichts gesagt und nichts getan hat, als gerade mal versuchsweise ein bisschen mit den Zehen zu wackeln.

Das Urteil der anderen ... es existiert, es bestimmt über uns, es ist da ... solange man ihm Bedeutung beimisst, ihm eine Daseinsberechtigung gibt.

Sollen wir andere Menschen be- oder verurteilen, vielleicht sogar zum Tod, wie es der König vom kleinen Prinzen verlangt? Aber wozu wäre das gut? Er hätte vielleicht ein bisschen Anerkennung bekommen und einen Platz an der Seite dieses Königs, der nur König im Widerschein seines Hochmuts war.

Was macht der kleine Prinz, als der König von ihm verlangt, über sich selbst zu richten?

Er verfährt in beiden Fällen gleich: Er ignoriert die Macht des Königs. Diese Macht, die ihn zwingen will, auf dem leeren Planeten zu bleiben, die ihn korrumpieren will, die nur einen Platz für ihn hat, wenn er andere verurteilt. Die ihn dazu verdammen möchte, sich infrage zu stellen, über sich selbst zu richten, auf diesem winzigen Planeten ... Diese Macht ...

Diese Macht ließ der Prinz sein, was sie war, wo sie war, allein, ohne Einfluss auf ihn oder was auch immer. So hat der kleine Prinz die Macht dieses Königs – der anderen – abgeschüttelt, wie auch der Ratte, mit der er nichts zu tun hatte. Er ignorierte einfach die Existenz dieser Macht.

Wir sind häufig sehr unbarmherzig mit uns selbst, sei es im Hinblick auf das, was wir uns abverlangen, sei es im Hinblick auf unsere Fehler. Ja, wir alle sind hart gegen uns selbst. Wir müssen das Urteil der anderen gar nicht erst abwarten. Auch ich hätte mich an jenem Tag nicht fragen müssen, ob ich hübsch war.

Sich vom Blick der anderen frei und unabhängig zu machen, heißt, diese Pseudo-Macht abzustreifen, die unser Dasein bestimmen möchte, obwohl wir genügend Weitblick besitzen, um selbst ein objektives Urteil über unser Tun zu fällen.

Das Reisetagebuch

Anderen Macht zuzugestehen bedeutet, sich in ihre Gewalt zu begeben.

UND MEIN KLEINER PRINZ HAT MIR INS OHR GEFLÜSTERT

Wer niemals urteilt,

kann sein Leben ganz frei gestalten.

Nicht suchen, sondern finden

Wie der kleine Prinz

Eines – und vielleicht erinnern Sie sich auch noch daran – hat mich am Spiel von Kindern immer absolut fasziniert: Wenn sie sich beim Spielen mit ihren Figuren und Puppen eine Geschichte ausdenken, zu der am Ende ein Requisit fehlt, wie das Pferd des Ritters in schimmernder Rüstung, wissen Sie, was dann passiert? Nein? Aber sicher, Sie haben es doch selbst genauso gemacht: Sie erfinden eine neue Geschichte!

Für ein Kind liegt die Lösung auf der Hand: Es ist kein Pferd da? Nun, dann machen wir's halt anders!

Keine Frage, man verzichtet nicht einfach auf eine schöne Geschichte, nur weil plötzlich ein Pferd fehlt! Dann kommt der Ritter eben auf dem Nachen über den Fluss gefahren, der im selben Moment erfunden wird und der sich zwischen zwei Kissen durchschlängelt.

Was hier passiert, ist übrigens kein kindisches Spiel. Sondern eine unglaubliche Kraft, denn diese Kinder haben sich dem angepasst, was ihnen im

Moment zur Verfügung stand. Sie haben nicht stundenlang nach einem Pferd gesucht und sich eingeredet, dass ohne dieses Pferd aus der Geschichte nichts werden kann. Nein, sie haben eine Lösung gefunden, damit die Geschichte weitergehen kann bis zum Ende.

Übertragen wir nun diesen Mechanismus auf die Erwachsenenwelt, dann stellt sich die Frage, was passiert, wenn uns für ein – persönliches oder berufliches – Projekt ein Puzzlestück fehlt? Dann meinen wir, dass alle Bemühungen vergebens waren, dass genau dieses kleine Puzzlestück der Eckpfeiler ist, auf dem alles ruht. Wir richten unsere ganze Aufmerksamkeit darauf, dieses fehlende Stück zu finden, selbst wenn es nicht existiert, selbst wenn es sich zu guter Letzt als entbehrlich herausstellen sollte. Und wir vergessen darüber ganz das Projekt und sein Ziel.

Vielmehr wird der Stein im Schuh plötzlich zum Ziel. In diesem Zusammenhang muss ich immer wieder an diese Roboter denken, die auf eine Wand zusteuern, dagegenrumsen, zwei Meter zurücksetzen, nur um wieder gegen die Wand zu rumsen, ohne registrieren zu können, dass es nur zehn Zentimeter daneben eine Tür gäbe.

Der kleine Prinz hat schon recht: Wenn man nicht weiß, was man sucht, wenn man als Kind den Faden der Geschichte aus den Augen verloren hat oder den Zweck eines Projekts, dann dreht man sich im Kreis.

Unsere ach so vernünftigen und einsichtigen Erwachsenenaugen schaffen es nicht, den Weg zu sehen, der aus der tief eingefahrenen Spur herausführen würde. Wir stecken im Teufelskreis unserer Gedanken fest, die immer derselben Bahn folgen. Wir wissen nicht mehr, was wir suchen sollen und wo. Und finden können wir schon gar nichts.

Kinder finden mit solcher Leichtigkeit Wege, um Schwierigkeiten in ihren Geschichten zu lösen und sie gut zu Ende zu führen ... Wie sie das anstellen? Das ist recht einfach: Sie sind für jede Möglichkeit offen, für jede Alternative. Kurz gesagt: Sie sind kreativ.

Wenn die Dinge nicht so funktionieren, wie sie sich das vorgestellt haben, suchen sie nicht mit den Augen nach dem fehlenden Puzzlestück, sondern mit dem Herzen. Denn es ist das Herz, das ihre Geschichten vorantreibt. Dahinter stecken nun keine ausgefeilten Kreativtechniken, sondern eine schöpferische Kraft, die ganz natürlich entsteht. Denn für sie ist das Wesentliche, dass sie auf die Erfordernisse der Geschichte reagieren können. Nicht, wie sie das tun.

Erinnern Sie sich noch an die Stimmen im Kinderzimmer?

»Ja, aber wir haben doch gesagt, dass er den Bösen mit der Axt tötet.«

»Schon, aber er war ja auch Schüler des großen Zauberers. Daher kann er Feuerkugeln schleudern. Siehst du, einfach so!«

»Ah ja, toll. So kann er wenigstens …«

In diesen entwaffnenden Augenblicken wird uns klar, welche grenzenlose Macht Kinder haben, auch das Kind, das wir einst waren. Und was wir während des Erwachsenwerdens verloren haben. Wenn wir glauben, Fantasie und Kreativität durch Wissen ersetzen zu können, dann wird uns im Laufe unseres Lebens immer ein Puzzlestück zu unseren Projekten fehlen. Vielleicht sollten wir ja den Kontakt zu unserer kindlichen Schöpferkraft wiederaufnehmen?

Eine Lösung für unsere Probleme finden. Zurückfinden zu dem, wozu wir geboren sind. Die Person wiederfinden, die wir sind … Nicht suchen, sondern finden.

Nicht mit dem Verstand suchen, sondern mit dem Herzen finden. Ohne einer Logik zu folgen, sondern lieber unseren Empfindungen.

Das ist sicher eine der schönsten Lektionen, die uns der kleine Prinz ins Ohr flüstert, den wir alle in uns tragen, wenn er sagt: »Einzig die Kinder wissen, wonach sie suchen.«

Es ist an uns, ihm zuzuhören. Ihm unser Ohr zu leihen.

DAS REISETAGEBUCH

Das Suchen ist nicht wirklich
unsere Aufgabe, denn sein eigentlicher Zweck
ist ja das Finden.

UND MEIN KLEINER PRINZ HAT MIR INS OHR GEFLÜSTERT

*Ich habe nur selten gefunden,
was ich suchte, jedenfalls nicht dort,
wo ich es gesucht habe.*

Frei sein

Wie der kleine Prinz

»Und ich genieße es, nachts auf die Sterne zu horchen.
Sie sind wie 500 Millionen Glöckchen.«

Vollkommene Freiheit, das ist charakteristisch für die Kindheit. Man denkt nicht lange darüber nach, sondern lebt dieses Gefühl einfach. Kinder sind sich ihrer Freiheit nicht bewusst. Sie leben sie, ohne sie mit einem Wort bedenken zu können.

Selbst wenn man sich als Kind darüber im Klaren ist, dass es in der Familie und der Schule Regeln gibt, betrachtet man sie nicht als Hindernisse, sondern einfach als Faustregel, nach der man (mehr oder weniger) lebt.

Als Kinder leben wir wie der kleine Prinz, frei, ohne groß darüber nachzudenken. Wir sind frei, das zu tun, was uns Spaß macht, spielen, schlafen, träumen. Frei, in unsere Fantasiewelten einzutauchen, Nein zu sagen, nicht zuzuhören, nicht aufzupassen, wenn wir dazu keine Lust haben. Frei, uns alles Mögliche auszudenken oder zu tun, wo, mit wem und wann wir das wollen.

Wenn wir unser Leben so betrachten, wie viele von uns können da schon behaupten, in ihrem Leben eine solche Freiheit bewahrt zu haben? Ich sehe, wie Sie den Kopf schütteln. Ein wenig vielleicht. Aber nur wenige unter uns sind nicht an unzählige Verpflichtungen und Unmöglichkeiten gebunden, die wir uns mehr oder weniger freiwillig im Laufe der Zeit selbst aufgeladen haben.

Wie sagt doch der Fuchs zum kleinen Prinzen: »Du bist auf ewig verantwortlich für alles, was du gezähmt hast. Für deine Rose zum Beispiel.« Verantwortung tragen gehört in späteren Jahren zu den Dingen, die für unser Leben notwendig sind. Aber in puncto Freiheit ist das stets auch ein Rückschritt. Man wird ein bisschen abhängig und verliert damit ein Stück weit seine Freiheit. Aber das ist für unser Dasein nicht weiter schlimm. Diese Verantwortung gegenüber unseren Kindern, unserem Partner, unserer Familie, unseren Freunden schafft Abhängigkeiten, die gut für unser Leben sind. Ein bisschen wie die Regeln in Familie und Schule, die wir als Kind befolgen mussten.

Diese Regeln haben uns als Kinder nicht am Freisein gehindert. Wie für sie sollten die von uns gewählten Verpflichtungen, auf denen unser ganzes Leben beruht, sich niemals wie ein Zwang anfühlen. Sonst wäre es wirklich an der Zeit, diese Verpflichtungen und Abhängigkeiten auf den Prüfstand zu stellen.

Was die Freiheit dem kleinen Prinzen wert ist, erkennen wir schon daran, dass er sein Schaf auf seinem Planeten nicht an einen Pflock anbinden wollte. Er versteht noch nicht mal, wozu das gut sein sollte. Er lehnt diese Form des Gefängnisses ab, alles, was die Freiheit beschneiden könnte.

Und überhaupt: Wen hat der kleine Prinz gefragt, ob er auf Reisen gehen und seine Suche von Planet zu Planet fortsetzen darf? Niemanden. Ob diese Reise nun real stattfindet oder nur in seiner Fantasie, er ist jedenfalls in aller Freiheit aufgebrochen, um die Sterne zu besuchen und die Bewohner der anderen Planeten.

Vor wem müssen wir Erwachsenen tatsächlich Rechenschaft für unser Handeln ablegen? Das sind am Ende doch sehr wenige Menschen. Und doch gibt es darunter auch solche, die einen bestimmten Platz in unserem Leben einnehmen, die sich da regelrecht hineinfressen und versuchen, uns auch noch die kleinsten Gesten vorzuschreiben. Daran geht unsere Freiheit zugrunde. Davor müssen wir uns hüten, bevor wir loslegen.

Frei zu sein aber heißt mitunter auch, allein zu sein, wie dies der kleine Prinz auf seiner Reise in manchen bitteren Momenten erfährt. Aus diesem Grund sucht er Freunde, nicht um sich an sie zu binden, sondern um die Grundbedingungen seiner Freiheit festzulegen, einer Freiheit, die er dann auch teilen kann.

Wir alle besitzen diesen geheimen Garten wie Kinder ihre grenzenlosen Fantasiewelten, in denen sie sich frei fühlen. Es liegt allein an uns, wann wir seine Tore öffnen, um Menschen einzulassen, mit denen wir ihn teilen wollen. Menschen, die wir zähmen möchten oder von denen wir uns freiwillig zähmen lassen. Menschen, die wir einlassen, um mit ihnen die Freiheit unseres Lebens zu kultivieren.

Das Reisetagebuch

Frei zu sein heißt wählen können.
Seine Abhängigkeiten wählen,
sich für die Zähmung entscheiden,
unsere eigene Form der Freiheit
zu suchen.

UND MEIN KLEINER PRINZ HAT MIR INS OHR GEFLÜSTERT

Niemand ist je wirklich frei.
Aber niemand würde das auch nur
ansatzweise wollen.

AKZEPTIEREN, NICHT VERSTANDEN ZU WERDEN

WIE DER KLEINE PRINZ

»Es ist schlimm, einen Freund zu vergessen.
Schließlich hatte nicht jeder einen Freund.«

»Man kann es nicht allen recht machen«, sagt uns das bekannte Sprichwort. Jedoch geht es dabei meist weniger ums Rechtmachen als darum, verstanden zu werden.

In dem Zitat oben spricht der Flieger, der sich des Traumes bewusst wird, den man ihm als Kind gestohlen hat. Danach hat er zwar ein befriedigendes Leben geführt und viele Menschen kennengelernt, denen er sich anpassen musste, im Reden, im Tun, in seinen Wünschen. Und das hat in ihm denselben bitteren Nachgeschmack hinterlassen, den er schon als Kind spürte, als man ihn, seine Zeichnungen und seine Fantasiewelt einfach nicht verstand.

Als Erwachsene, die sich ihre Träume und ihre kindliche Fantasie bewahrt haben, sehen wir uns häufig Menschen gegenüber, die unsere Träume rundweg ablehnen, wenn wir ihnen eine Idee oder ein Projekt vorstellen, die ihr Verständnis, ihr Einfühlungsvermögen übersteigen. Für uns ändert sich damit alles, auch wenn sich in dieser Hinsicht nie etwas ändert. Es sind schlechte Zeiten für Träumer.

Dennoch sollten wir uns eine Gabe dieses Kindes bewahren: wie dieses Kind akzeptieren, dass wir nicht verstanden werden, gute Miene zum bösen Spiel machen und unseren kindlichen Anteil oder unsere Wünsche für uns zu behalten, wenn wir dem falschen Publikum gegenüberstehen.

Zu akzeptieren, dass wir nicht verstanden werden, heißt, dass wir uns an unseren Kritikern nicht aufreiben, dass wir dem widerhallenden Spott nicht nachgeben, nicht unter dem Gewicht der Ermahnungen einknicken, die uns die Phalanx der Verfechter des Akzeptablen als einzig gangbaren Weg vorgaukelt.

Zu akzeptieren, dass wir nicht verstanden werden, heißt, nur auf uns selbst zu hören, auf unsere Bereitschaft, auf das, worauf wir Lust haben. Es heißt zu akzeptieren, dass wir uns aus uns selbst heraus zum Träumen, zum Lachen bringen.

Es hat keinen Sinn, sich ins eigene Fleisch zu schneiden, um ein Erbsenzähler-Publikum von der eigenen Aufrichtigkeit zu überzeugen.

Und noch ein Sprichwort fällt mir dazu ein: »Man kann von einem Menschen tausend Mal missverstanden werden oder von tausend Menschen einmal. Aber es hat wenig Sinn, sich tausend Mal von tausend Menschen missverstehen zu lassen.«

Wenn wir akzeptieren, dass wir nicht verstanden werden, entwaffnen wir damit die Zerstörer unserer Träume. Selbst wenn wir ein Maximum an gutem Willen an den Tag legen, dürfen wir nie vergessen, dass wir nie alle Menschen überzeugen werden, von allen verstanden und akzeptiert werden können.

Im Endeffekt heißt es, sich die Erlaubnis zu geben, seine Träume zu Ende zu denken, die eigenen Projekte und Wünsche zu verfolgen. Ohne sich zu verstecken, ohne den Mund zu halten, ohne vor den Zensoren den Blick zu senken, denn diese haben meist nur eines gemeinsam: Sie haben keine Träume.

Ich für meinen Teil habe nie erlebt, dass ein Unternehmer, ein Künstler, ein Erfinder die Projekte eines anderen schöpferisch Tätigen torpedieren würde, auch wenn dieser nicht auf dem gleichen Feld tätig ist. Die Träumer leihen anderen Träumern ihr Ohr, weil sie wissen, wie schwierig es ist, an dem zu arbeiten, was auf den ersten Blick unmöglich erscheint. Sie kennen den Preis, den wir dafür bezahlen, nicht verstanden zu werden.

Also reihen Sie sich ein in die Schar der Träumer, der Unverstandenen, denn das ist eure Sonne, in deren Licht ihr gestaltet.

DAS REISETAGEBUCH

Wenn Sie das Kind nicht verleugnen,
das Sie einmal waren,
können Sie mit ihm leben.

UND MEIN KLEINER PRINZ HAT MIR INS OHR GEFLÜSTERT

Dort, wo andere die erhobene Faust sehen,
suche ich die ideale Perspektive.

Den Blick über die Wirklichkeit hinausrichten – ins Unsichtbare

Wie der kleine Prinz

Die Magie. Als wir noch Kinder waren, war die Magie unsere einzige Wahrheit, unsere einzige Religion. Alles war Magie, und der Glaube und das Vertrauen, die wir dieser Kraft entgegenbrachten, erlaubten uns, alles für möglich zu halten und weit über die Wirklichkeit hinauszublicken, weit hinaus über die Welt der Erwachsenen.

In unserem Universum war nichts unmöglich, weil der Glaube an die Magie, die uns umgab, uns befähigte, den Blick über die Welt hinauszurichten, das Unsichtbare zu sehen und es mit unseren Wünschen aufzuladen.

Wir waren Kinder. Wir waren Magier. Wir hatten den Kopf in den Wolken und die Nase in den Sternen. Wir zeigten auf einen Planeten und konnten seine Schätze erkennen. Wir hofften, dass wir ihn eines Tages entdecken würden. Wir wussten, dass sich im Meer, jenseits des Horizonts, unsere Insel verbarg. Jene Insel, auf der wir ganz sicher einen Schatz finden würden.

Denn es ist das Unsichtbare, das die Dinge so anziehend macht. Die Oberfläche, das Sichtbare ist nur für die Welt der Erwachsenen interessant.

Erwachsene, die zählen, die beziffern und messen. Eine greifbare, messbare, identifizierbare, bequeme Oberfläche, die uns Sicherheit schenkt.

Aber macht uns dieser Oberflächenaspekt der Dinge, der Menschen, der Welt um uns herum wirklich glücklich? Wenn wir nichts anderes mehr erwarten oder entdecken können als das, was sich offen dem Auge darbietet?

Haben wir nicht alle schon mal diese Erfahrung gemacht? Das Äußere kann noch so idyllisch sein, doch wenn es darüber hinaus nichts bietet, etwas, das für das bloße Auge unsichtbar ist, dann haben wir nur eine Postkartenansicht vor uns, derer wir schnell überdrüssig werden. Eine Postkarte, die wir einsortieren und vergessen, während wir sehnlichst auf die nächste warten, ohne je ganz sicher zu sein, ob es sich lohnt, sie aufzuheben.

Das gilt auch für jene Menschen, deren Körper so perfekt ist, wie ihr Intellekt und ihre Seele leer sind. Deren perfektes Äußeres nichts weiter ist als eine Transportbox.

Alles in allem also sind es die Suche, der Schatz, die Entdeckung – die den wahren Wert der Dinge ausmachen, den Zauber, der darin liegt. Sich dieser Vorstellung, dieser Ahnung zu verweigern und sich auf den kalten Blick der Logik zurückzuziehen, bringt nur Traurigkeit und Überdruss in unser Leben und damit auch in die Welt um uns herum.

Wenn wir aber versuchen, über die Faktenwelt hinauszublicken, über das Äußere der Menschen und der Dinge um uns herum, dann wird es uns möglich, alles zu entdecken und zu bestaunen. Dann erfüllt uns eine drängende, unausgesetzte Hoffnung: »Und wenn ... und wenn ... und wenn doch ...«

Diese Fragen, diese aufkeimenden Möglichkeiten zaubern uns das Lächeln des Kindes ins Gesicht, das mit dem Finger die andere Seite des Spiegels berührt, die andere Seite des Machbaren.

Ist unser Dasein denn wirklich so von Leidenschaft erfüllt, dass wir uns leisten könnten, auf jenen Teil des Mysteriums, des Irrealen und der Bilder zu verzichten, den das Kind in unserer Brust uns schenken kann? Ich würde es Ihnen ja wünschen, aber stellen Sie sich nur vor, welche Wunder Sie noch erwarten, wenn Sie Ihren kindlichen Blick wiederfinden und das Imaginäre, die Magie mit offenen Armen in Ihrem Dasein willkommen heißen …

Das Älterwerden tut nicht gut, nein, ganz und gar nicht, wenn es bedeutet, dass wir irgendwann aufhören, unseren Blick über die Realität hinauszurichten, auf die Magie des Lebens. Oder wie der Flieger vom kleinen Prinzen sagt: »Mein Freund hat mir nie etwas erklärt. Vielleicht dachte er, ich sei wie er. Leider sehe ich nie Schafe durch Kisten hindurch. Vermutlich gleiche ich eher den Großen. Ich bin wohl alt geworden.«

Das Schaf hinter der Kiste zu sehen, das ist der Vorschlag, den der kleine Prinz uns macht. Das Versprechen, das er uns gibt: Er kann diesen Hauch reiner Magie zurück in unser Leben bringen.

Neben dem Hauseingang steht eine Schuhschachtel. Bei genauerem Hinsehen … ich glaube, ich habe daraus ein Mäh vernommen.

DAS REISETAGEBUCH

Die Magie ist der Geschmack unseres Lebens,
die wahre Farbe der Welt.

UND MEIN KLEINER PRINZ HAT MIR INS OHR GEFLÜSTERT

*Die Unterscheidung zwischen Magie
und Wirklichkeit ist nur dann sinnvoll,
wenn man sicher ist,
in der Realität zu leben.*

Andere Voraussetzungen gelten lassen

Wie der kleine Prinz

Als Kinder fiel es uns leicht, spontan Bande zu knüpfen, wie ich in einem früheren Kapitel bereits angemerkt habe.

Nach ein paar Sekunden der Schüchternheit ging es los mit dem fröhlichen Austausch, ohne dass wir dafür bestimmte Regeln aufstellen mussten.

Beim Heranwachsen ist uns diese Lockerheit abhandengekommen, und nicht nur das, wir haben darüber hinaus ein ganzes Netz von Bedingungen geflochten, das im Laufe der Jahre immer dichter wurde.

Der kleine Prinz hat schon recht, wenn ihm dieser taxierende Blick der Erwachsenen auf die Welt merkwürdig vorkommt. Denn dieser Blick nimmt die Dinge nicht mehr wahr – die Schönheit nicht und nicht die Menschen, da er sie messen, klassifizieren und in klingende Münze verwandeln möchte.

Ist diese Person *bankfähig*?

Bezaubert ein Bild uns wegen seiner hinreißenden Farbgebung? Oder wird unser Blick bestimmt vom

Wert, den die Auktionshäuser dafür ansetzen? Eine gewichtige Frage, wenn man sieht, welche visuellen Verirrungen uns die moderne Kunst zum Teil als Meisterwerke verkaufen will.

Es wäre überaus spannend zu sehen, wie das Publikum den Wert bestimmter Werke veranschlagt, wenn es nicht weiß, wer sie geschaffen hat und was sie auf dem Kunstmarkt einbringen. Eine verbotene Wahrheit.

Denn wir Erwachsenen bewerten und messen vieles an seinem Marktwert, ob nun Menschen oder Gegenstände. Das bestärkt uns in unseren Beziehungen, unserer Karriere und unserem sozialen Umfeld.

Begegnen wir einem anderen Menschen zum ersten Mal, dann liefern uns seine Haltung, seine Kleidung und die äußeren Zeichen von Armut oder Reichtum wie der Autoschlüssel oder die Farbe seiner Kreditkarte schon ein Bild von dieser Person, und dieses Bild bestimmt unsere Meinung über ihn.

»Dank« dieser Kriterien, die wir mit der Zeit und der Zahl der Begegnungen immer mehr verfeinert haben, taxieren wir, ob dieser Mensch zu den Kreisen passt, in denen wir üblicherweise verkehren, ob er dem gleichen sozialen oder beruflichen Milieu entstammt.

Bevor wir überhaupt Kontakt zu dieser Person hergestellt haben, sie näher kennenlernen können, schieben sich unsere automatischen Einschätzungen in den Vordergrund und geben grünes oder rotes Licht für den nächsten Schritt.

Ich gebe zu, dass dieser Automatismus manchmal recht nützlich ist. Schließlich können wir uns in der Gesellschaft nicht wie ein Neugeborenes bewegen, das munter in der Badewanne seiner Naivität plätschert.

Aber aus eben diesem Grund ist die Einladung des kleinen Prinzen, auch mal andere Voraussetzungen gelten zu lassen, so wichtig für uns.

Denn – und das wird jedem einleuchten – wenn wir ständig unsere Checkliste im Kopf haben, die mit jeder zusätzlichen Lebenserfahrung länger wird, wie sollen wir da noch Raum finden für alles Neue, für das Staunen? Hier kommt dieses System von uns Erwachsenen an seine Grenzen: Am Ende nämlich verkapseln wir uns in dieses durch und durch vordefinierte Universum aus Bequemlichkeit, akzeptiertem Verhalten und allgemein geteilten Wertvorstellungen. Die Codes sind vorgegeben, und nichts Neues kann mehr das engmaschige Gitternetz passieren, nichts, was wir nicht kennen oder was uns nicht zufriedenstellt. Aber zuletzt sind wir Gefangene in dieser Blase aus purer Langeweile.

Wir brauchen das Staunen, das Entdecken. Wir alle gehen in unserem Leben auf Goldsuche. Aber wie wollen wir unter der dicken Schicht Sand je ein paar Nuggets ausmachen, wenn das Sieb unserer Goldpfanne nichts mehr durchlässt?

Sollten wir nicht mal andere Voraussetzungen gelten lassen, wenn wir jemanden kennenlernen? Warum nicht? Schließlich verlangt uns das nicht allzu viel ab. Wir müssen nur offen bleiben für das Unbekannte, neugierig. Dann sieben wir zu unserem Erstaunen ein neues Körnchen Gold aus dem Sand.

Heutzutage ist Geld der ultimative Maßstab für alles. Doch wir sollten nicht aus den Augen verlieren, dass Geld nur der Gradmesser des Sichtbaren ist, des Vergänglichen. Und kein wirklicher Wert.

Macht es uns glücklicher, wenn wir mit viel Bling-Bling unterwegs sind und »etwas darstellen«?

Oder sollen wir das Bling-Bling als Verbotssignal nehmen, das jede weitere Begegnung unmöglich macht? Macht uns das etwa glücklicher?

»Nur mit dem Herzen sieht man gut. Für das wirklich Wichtige sind die Augen blind.« Das sagt uns der Fuchs. Das ist das Geheimnis, das er dem kleinen Prinzen schenkt und damit uns.

Dann ist es letztlich an uns, von morgen an einige unserer Grundsätze infrage zu stellen, unsere vorgefassten Meinungen, unsere willkürlichen Einschätzungen. Um aus der Echokammer unserer

»Wahrheit« herauszufinden und uns an den Überraschungen zu erfreuen, die am Wegesrand auf uns warten. Wie an zauberhaften Köstlichkeiten.

DAS REISETAGEBUCH

Unsere Checklisten sind die Gitter,
hinter denen wir gefangen sind.

UND MEIN KLEINER PRINZ HAT MIR INS OHR GEFLÜSTERT

Im tiefsten Grund eines Salzbergwerks finden wir kein Körnchen Gold.

Glauben und Hoffnung bewahren

Wie der kleine Prinz

»Das Land der Tränen ist voller Geheimnisse.«

Also, was denken Sie? Leuchten die Sterne, damit jeder eines Tages seinen Stern finden kann?

In diesem Satz liegt die ganze Hoffnung der Welt. All der Glaube ans Leben, den man haben kann, selbst wenn die Mauern immer näher heranrücken und schließlich den Blick auf die Sterne verstellen.

Als ich fünf Jahre alt war, befiel mich eine schwere Krankheit, deren Ausgang so fraglich war, dass ich nicht wagte, auf weitere Jahre zu hoffen. Ich habe wochenlang im Krankenhaus gelegen, ohne mich bewegen zu können. Die vielen düsteren Erfahrungen, die für mich mit dieser Krankheit kamen, möchte ich hier unerwähnt lassen, denn wirklich eingeprägt hat sich mir nur ein Erlebnis.

Da es sich um eine seltene und unbekannte Krankheit handelte, für die es darüber hinaus keine Therapie gab, musste man abwarten, welchen Verlauf sie in meinem Fall nehmen würde. Eines Tages besuchte mich meine Großmutter im Krankenhaus. Sie war gerade aus Lourdes zurückgekommen und brachte mir ein herzförmiges Fläschchen mit, das mit Weihwasser gefüllt war. Meine Oma sagte mir, ich würde gesund werden, wenn ich einen Schluck von diesem Wasser trinken würde.

Was ich auch tat. Jeden Tag einen Schluck, denn das Fläschchen war nicht groß und das Wasser ging schnell zur Neige.

Doch mit jedem Tropfen wuchs in mir die Gewissheit, dass ich gesund werden konnte – zum einen wegen der Kraft der Flasche, zum anderen wegen der des Wassers. Ich mache hier einen Unterschied, denn nach ein paar Tagen bemerkte ich, dass jemand heimlich Wasser nachgefüllt hatte. Ich habe nichts gesagt. Es war auch weiter nicht wichtig, denn in dem Moment, da das Wasser in die Flasche gefüllt wurde, lud es sich mit deren magischen Fähigkeiten auf und heilte mich. Davon war ich zutiefst überzeugt. Und das ist die Macht der Kindheit …

Dass ich heute diese Zeilen schreiben kann, dass ich heute vor Ihnen stehe, ist in dieser Erfahrung begründet.

Glauben. Glauben, dass man gesund werden kann, und sich diesen Glauben unerschütterlich zu bewahren, was auch kommen mag, bis der Zauber gewirkt hat.

Diese Flasche war für mich als Kind der Stern, der mir leuchtete. Ein Stern, der mir versprach, dass ich eines Tages diese Mauern hinter mir lassen würde. Und genau das geschah dann auch.

Der Glaube kann eine unfassbare Wirkung entfalten, die weit über die Grenzen jeder Religion hinausreicht. Der kleine Prinz jedenfalls glaubt an seinen Stern. Und er glaubt, dass jeder Mensch seinen eigenen Stern hat.

Sind auch wir von der Existenz dieses Sterns überzeugt, nach dem wir greifen können? Auf den wir uns verlassen können, wenn wir die ersten Schritte ins Erwachsenenleben tun?

Für manche Menschen gilt das durchaus. Für andere ist dieser Stern ins Dunkel getaucht ... Weil sie nicht daran glauben. Dabei haben alle großen Persönlichkeiten, die ihre Zeit geprägt haben, egal in welchem Bereich, sich irgendwann auf diesen inneren Glauben verlassen, an das Leben oder an einen Gott. Woran auch immer. Das ist weiter nicht von Bedeutung, denn wie ich an meine Flasche glaubte, so ist es letztlich der unerschütterliche Glaube, der uns weitermachen lässt, selbst in den schlimmsten Situationen.

Und wenn ... Sie merken schon, worauf ich hinaus will ...

Einige von Ihnen, die Sie jetzt mein Buch in der Hand halten, haben vielleicht die Hoffnung verloren ... Dann ist es an der Zeit, den Blick zu heben und Ihren Stern zu suchen.

Und wenn Sie sich von dieser Kraft leiten lassen würden, die Sie als Kind besaßen, auch wenn sie Ihren Blicken schon einige Zeit entschwunden ist?

Was haben Sie zu verlieren, wenn Sie glauben, dass alles möglich ist? Und wer darf sich erlauben, Ihnen den Glauben zu verbieten?

An Sie selbst? Ans Leben? An das Versprechen der Besserung? Welches Dogma, welches Verbot, welches Gesetz kann sich Ihnen schon in den Weg stellen? Ganz genau: keines.

Nur Sie zählen. Ihr Wunsch, Ihr Mut und Ihr Stern, der Ihnen leuchtet. Nur Sie und Ihr Glaube, diesen Stern greifen zu können.

Wer den Himmel betrachtet, richtet den Blick nach innen, um das Kind zu finden, das sich an seinem Stern festhält.

DAS REISETAGEBUCH

Was auch immer geschehen mag:
Wir dürfen auf Besserung hoffen. Was auch immer passiert: Es ist immer ein Stern da.

UND MEIN KLEINER PRINZ
HAT MIR INS OHR GEFLÜSTERT ☼

Ich hänge immer noch an diesem Stern.
Ich klammere mich an die irre Hoffnung,
eines Tages ein anderer zu werden.

Gehen ... und gehen lassen. Und trotzdem nicht alleine sein

Wie der kleine Prinz

Gehen zu können, auch wenn es uns das Herz zerreißt, gehen zu können, wenn man wie der kleine Prinz weiß, dass es an der Zeit ist, seinen Lebensweg anderswo fortzusetzen.

Ohnehin ist es häufig keine Frage der persönlichen Entscheidung, ob man geht. Man folgt vielmehr einer Notwendigkeit, wenn das Leben uns in eine bestimmte Richtung drängt, ohne dass wir absehen könnten, wohin uns unser Weg führt.

Gehen, um seinem Weg zu folgen, ist notwendig, auch wenn das voraussetzt, dass wir liebe Menschen eine Weile nicht mehr sehen werden.

Es hat wenig Sinn, dagegen anzukämpfen, denn in diesem Moment würden wir gegen uns selbst kämpfen. Wir haben keine Wahl. Unsere einzige Wahl ist, diese Tatsache zu akzeptieren, diesen Impuls unseres Willens und die damit verbundenen Notwendigkeiten zu verarbeiten und zu integrieren. Wir können den Moment des Abschieds zwar hinauszögern, weil wir lieber bleiben würden, weil wir Angst vor dem Fortgehen haben. In Wirklichkeit aber haben wir keine Wahl, wenn dieser Moment gekommen ist.

Man muss gehen können, wenn es an der Zeit ist, egal wie alt man ist. Denn nur so können wir uns die Kraft dieses Impulses, der uns zum Gehen drängt, zunutze machen. Nur so können wir uns als Erwachsene die Unschuld des Kindes, das wir einst waren, bewahren.

Gleichzeitig müssen wir auch andere gehen lassen können, wenn es an der Zeit ist. Unsere Lieben, unsere Kinder werden irgendwann den Ruf der großen, weiten Welt vernehmen, der sie zum Studium führt, zu einem Handwerk oder einer großen Liebe …

Lieben wir sie wahrhaft, dann müssen wir sie ziehen lassen, selbst wenn uns dabei die Tränen kommen, denn davon hängt ihr ganzes Glück ab. Und wünschen wir uns nicht genau das für die Menschen, die wir lieben – Glück? Gibt es eine schönere Geste, die die Liebe gewähren kann?

Die Suche des kleinen Prinzen hat ihn dem Anderen begegnen lassen, hat ihn um neue Erfahrungen und vor allem um innige Bande bereichert. Er hat Freunde gefunden und muss sich auf seinem Planeten nicht mehr allein fühlen.

Ob uns das nun gefällt oder nicht, es gibt die unterschiedlichsten Menschen auf der Welt. Und das ist auch bitter nötig. Aber das bedeutet nicht, dass unser Prinz sich allem und jedem anpassen muss, nur weil er dazugehören möchte. Er muss sich nicht auf Pseudo-Freundschaften einlassen. Genauso hat der kleine Prinz seine Freunde gesucht und auserwählt – weit fort vom Geschäftsmann oder vom Trinker. Daher wird er nie mehr allein sein, wenn er bei seiner Blume und seinen Vulkanen ist. Auch wenn der Fuchs nicht bei ihm sein kann, so kann er doch die Sterne betrachten.

Auch wir sind häufig ganz allein auf unserem Planeten. Und doch gibt es für Erwachsene keine Kaufleute, bei denen man Freunde erwerben könnte. Es gibt nur Freundschaften, deren Verbundenheit und Reichweite mit unserer Kinderseele zu tun haben, mit ihrer Aufrichtigkeit, ohne Wenn und Aber, ohne Wettbewerb und ohne Kalkül.

Freundschaft ist die einzig wirklich gleichberechtigte Beziehung. Und sie hat ihren Preis, sie fordert unsere Kinderseele in all ihrer Aufrichtigkeit.

Und wie beim Fuchs verhindern Trennung und Ferne nie eine echte Freundschaft, denn wie er werden wir die goldene Farbe des Weizens im Gedächtnis behalten.

DAS REISETAGEBUCH

Erwarte nicht vom Leben,
dass es dir Antworten gibt.
Es zeigt nur einen Weg auf,
dem du folgen kannst.

UND MEIN KLEINER PRINZ HAT MIR INS OHR GEFLÜSTERT

Gelobe dir, diese Entdeckung zu machen:
dass jenseits des sichtbaren Horizonts
die Vision lebt und dass die Vision zur
Wahrheit führt und dass in der Wahrheit
der Wille zum Leben liegt.

WIEDER AUF DIE WOLKE STEIGEN

WIE DER KLEINE PRINZ

In meinem Vorwort »Auf einer Wolke« habe ich die Widmung von Saint-Exupéry zitiert, die mir als Leitfaden diente: »Alle Erwachsenen waren früher Kinder, nur haben die meisten das mittlerweile vergessen.«

Wenn ich mich nun wieder auf meine Wolke begebe, nachdem ich das Dickicht der Zweifel und Fragen des kleinen Prinzen hinter mir gelassen habe, nachdem ich versucht habe, meine Kinderseele und meinen Kinderblick mit neuem Leben zu erfüllen, kann ich als Erwiderung auf diese Worte nur ein anderes Zitat anführen: »Kinder müssen sehr viel Geduld haben mit den Großen.«

Vielleicht offenbart sich in diesen Worten ja eine neue Haltung, die wir entwickeln sollten: den Menschen, die ihre Kinderseele vergessen haben, zuzuhören und nachsichtig mit ihnen zu sein.

Und ein neues Gelöbnis abzulegen: dass wir erwachsen werden, erwachsen genug jedenfalls, um dem Kind – das auf immer in unserem Herzen lebt, das nie seine Träume und seine Sanftheit preisgibt –, um diesem Kind, das wir der verronnenen Zeit zum Trotz bleiben, die Hand zu reichen.

UND MEIN KLEINER PRINZ HAT MIR INS OHR GEFLÜSTERT

Achtet auf die Wünsche, die ihr hegt,

denn sie werden Wirklichkeit.

Im Spiegel, das Kind, ein Reflex seines Selbst

»Das wirklich Wichtige, das kann man nicht sehen.«

Kann der kleine Prinz in uns denn tatsächlich in diesem Spiel von Spiegeln wiedergeboren werden?

Ja, wenn wir das wirklich wollen.

Ja, wenn wir aufrichtig daran glauben.

Vielleicht müssen wir uns nur in aller Ehrlichkeit zwei Fragen stellen, um zu sehen, wie sein Köpfchen aus einer Ecke des Spiegels hervorspitzt: *Welche Träume sind in meinem Leben heute wichtig? Und welche Menschen sind jetzt in meinem Leben von Bedeutung?*

1 __________

2 __________

3 __________

4 __________

5 __________

6 __________

7 __________

8 __________

Vergleichen Sie diese Träume mit jenen aus Ihrer Kindheit, die Sie auf der ersten Seite dieses Buches notiert haben.

Gibt es Gemeinsamkeiten oder Ähnlichkeiten? Haben sich einige dieser Träume vielleicht schon erfüllt? Liegen andere vielleicht noch in der Schublade der »unmöglichen« Dinge? Und begeistern diese Sie heute noch genauso wie damals?

Ziehen Sie Bilanz aus Vergangenheit und Gegenwart.

Was kommt dabei heraus? Was haben Sie verwirklicht? Woran hängen Sie immer noch? Was erträumen Sie sich heute?

Legen Sie sich für Ihre Träume und Wünsche ein kleines Notizbuch zu. Es ist das Logbuch Ihrer Reise. Darin halten Sie für alle Projekte, Menschen oder Wünsche fest, was Sie heute dafür tun und was Sie künftig tun könnten, damit diese Menschen, diese Vorhaben sich weiter entwickeln und Gestalt annehmen.

Hier ist Ihr Schlüssel zum Glück, die leise Stimme Ihres kleinen Prinzen.

Glauben Sie an sich. Glauben Sie an die Träume, die Ihr kleiner Prinz Ihnen ins Ohr flüstert, an das, was er Ihnen von Neuem schenken kann.

Dann kann es gut sein, dass Sie eines Abends beim Betrachten der Sterne feststellen, dass zwei Planeten genau übereinander stehen, der Ihre und der Ihres kleinen Prinzen. Wie von Zauberhand.

Über den Autor

Stéphane Garnier, 1974 in Lyon geboren, ist Kolumnist, Essayist, Songwriter und Autor zahlreicher Bücher, dazu zählen Romane genauso wie unterhaltsame Sachbücher. Sein Bestseller *Katzenweisheit* wurde in 33 Sprachen übersetzt und verkaufte sich über 250 000 Mal.

NOTIZEN

NOTIZEN

NOTIZEN

NOTIZEN

96 Seiten
9,99 € (D) | 10,30 € (A)
ISBN 978-3-86883-712-4

Reinwarth, Alexandra

Was ich an dir liebe

Eine originelle Liebeserklärung zum Ausfüllen und Verschenken

Dieses Ausfüllbuch offenbart auf einen Blick, warum zwei Menschen in Liebe verbunden sind. In dem Buch werden tiefgründige, witzige und emotionale Fragen oder Denkaufträge gestellt, die alle nur ein Ziel haben: die Liebe zwischen zwei Menschen in Worte zu fassen. Das Buch ist das perfekte Geschenk – wenn es ausgefüllt ist, ist es zudem ein wunderschöner Liebesbeweis.

riva

96 Seiten
8,99 € (D) | 9,30 € (A)
ISBN 978-3-7423-0015-7

Mein Leben in 100 Listen

Ein originelles Ausfüllbuch

Dieses Buch bietet die Möglichkeit, sein Leben in insgesamt 100 Listen festzuhalten. Mal sind es Top-5-Listen, mal Top-10. Man kann Erinnerungen sammeln, Pläne für die Zukunft schmieden, Interessantes über sich selbst herausfinden oder einfach auch mal über sich schmunzeln. Nimmt man das Buch später in die Hand, kann man überprüfen, ob man immer noch dieselben Vorlieben hat, ob die Zukunftspläne schon in die Tat umgesetzt wurden oder inwieweit man sich sonst verändert hat. Das Buch ist liebevoll gestaltet und wird so zu einem ganz besonderen Erinnerungsstück. Man kann es selbst ausfüllen oder auch verschenken.

riva